DIARIOS [1]
AZUL MONFORTE

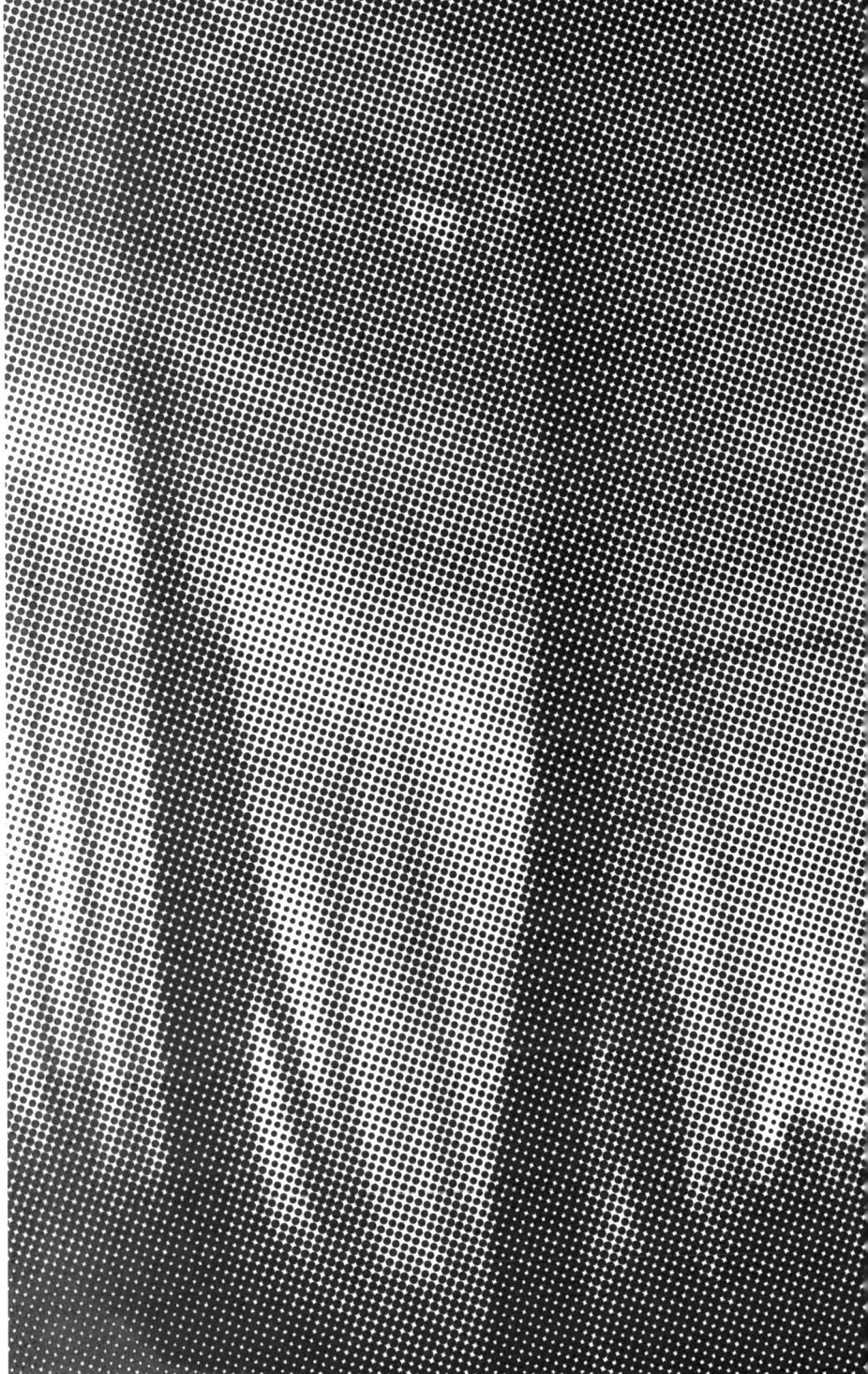

ANTÓN LOPO

DIARIOS [1]
AZUL MONFORTE

TRADUCCIÓN ISMAEL RAMOS

PAPELES*MÍNIMOS* POESÍA, 16 ♠

ANTÓN LOPO
DIARIOS [1]
AZUL MONFORTE

TRADUCCIÓN ISMAEL RAMOS

papeles*mínimos* ♠ poesía, 16

MADRID 2024

Título original
Diarios [1] Azul Monforte
Noudelo e Ribón / Espiral Maior, 2023

© Antón Lopo, 2024
© papeles mínimos ediciones
© de la traducción: Ismael Ramos
Frontis: *Bosque en Monforte* (detalle)
© Antón Lopo
Primera edición: mayo de 2024

Diseño de colección: *papeles mínimos*
Impresión: *Lugami Artes Gráfcas*
ISBN: 978-84-125115-8-1   Depósito Legal: M-11945-2024

PAPELES MÍNIMOS EDICIONES
Almadén, 6, 2.º D - 28014, Madrid. T.: 636737883
www.papelesminimos.com

AZUL
MONFORTE

I

EN NINGÚN momento pensé que era imposible,
ni siquiera cuando regresé de Lome [durante
una revuelta militar] con crisis nerviosas.

¿Qué viaje quería hacer [por infames carreteras
        o desiertos sin carreteras]
si iba andando al bosque y me tocaban los árboles
        [los sentía]?

Jordi Esteva publica sus memorias [me quedo
   atrapado en ellas].

Comienzan de niño, cuando escruta en el cosmos
   las huellas de Laika [la perrita astronauta]
y viaja al pueblo de su abuela a orillas del Congost.
Continúan en Calella de Palafrugell [coincidía con
   Victoria de los Ángeles o Alicia de Larrocha]
   y se expanden
en la isla de Wight [The Doors, Jimmi Hendrix,
   The Who, Miles Davis, Joni Mitchell o Emerson
   Lake and Palmer: *¡La música! ¡Oh, la música!*].

Después viene una travesía iniciática en Land-Rover
   hasta la India en 1973. Nehru había creado
un estilo fascinante [malabares soviéticos y mercado
   libre de vanidades], mientras Georges Harrison
redescubría las bondades de los Hare Krishna y Goa
   reunía a lo más selecto de los filósofos químicos.
   La experiencia, sin embargo, lo decepcionó
[Cachemira le recordada la opresión de los pueblos
   sin estado, como Sudán del Sur o Catalunya].
   Pero a cambio, lo infectó
de nomadismo [Bruce Chatwin, Lawrence de Arabia,
   Richard Burton, homosexuales errantes]. En los
   desiertos descubrió

una metáfora del deseo y retrató los oasis de Egipto
en blanco y negro [como Bernard Plossu pero
con libido].

Yo llegué a la India por azar [tenía 33 años]. Acababa
de cruzar África en camión
y me enredé en las fantasías de un traficante
de piedras preciosas indostanas.
Me compré un billete de British Airways, cuando
las azafatas de British Airways aún ponían
dos botellas de vino en la bandeja de la cena, y me
desperté
en el marasmo humano de Mumbai. Me atrapó
la libertad salvaje del caos [bajaba los ojos para
no confundirme].

Hubo un tiempo en que no existían seres vivos, pues lo que
hoy llamaríamos animales eran dioses.

Desde el más allá [pero en caracteres legibles] Rafael
     Chirbes publica sus diarios.
Él y Esteva se llevan tres años [1948/1951]. Comparten
     época y una atracción irresistible
por las personas de su mismo sexo.

Viajaron mucho y consumieron mucho [cada uno
     de su sustancia].
Chirbes retrató la pulsión sexual con violencia
     explícita [estremece la soledad de esa violencia]
y califica el idioma materno [el valenciano] de
     experiencia traumática [se sentía expatriado].

Sus visiones políticas son dispares [Esteva fluye
     en las ideologías de la contracultura y Chirbes
     militó en el comunismo],
pero viajan en paralelo. Asombra
el cuidado de Chirbes en el detalle de las novelas,
     películas y conciertos a los que asistió. Anota
lo que piensa de cada obra y señala sus técnicas. Lee
     incansable y, por momentos, al leer, se le hace
un nudo en la garganta [está tocado]. Se emplea
a fondo en el objetivo [sublime] de ser escritor.
     Cuando lo logra [cuando reconocen
unánimemente que su escritura también provoca

nudos en la garganta] le detectan
un tumor en el pulmón [muere como si lo robasen].
     «Lo que me excita
y lo que me degrada [escribió] van en mí de la mano».

Yo quería escribir lo que no se escribe [lo invisible].
     Darle cuerpo a lo que no existía [*write-me-on*].

IV

Así comienza el poema.

AZUL MONFORTE

DESDE MEDIADOS de agosto, mamá se pasaba
        el día en la ventana señalando
al cielo. «Lo que ves [decía] es el Azul Monforte».
        Por supuesto, no era
un cielo amenazador sino un cielo más bien profundo.
        «Nunca encuentro un hilo que refleje
la profundidad del Azul Monforte [decía mamá,
        experta urdidora de bordados]». Había
hilos en el ovillo que se parecían al azul de agosto
        en Monforte, pero incluso los de una apariencia
        idéntica, acababan
perdiendo el tono previsto al bordarlos.

En los escasos viajes que hacíamos entonces,
        visitábamos
a los familiares que habían emigrado y caminábamos
        con ellos por las ciudades.
Mamá se paraba en las mercerías y exploraba los
        expositores de hilos. En Barcelona, donde vivía
su hermano, entramos en una tienda con un estante
        ocupado
por las gamas del azul. Buscamos durante más de una
        hora. Mamá insistía
en que alguno de aquellos carretes debería encajar

en la profundidad que veía al cerrar los ojos [como
    si al cerrarlos se asomase
a la ventana]. Había una diferencia tan leve en los
    tonos que dudó
entre cuatro carretes. Cada vez que los miraba,
    cambiaba
de opinión sobre cuál tenía el color adecuado. «Estoy
    segura de que ninguno de ellos vale [dijo]»
pero compró dos y al regresar a nuestra casa
    comprobó que [efectivamente] no valían.

Probó con el óleo por indicaciones de una amiga que
    había tomado clases de pintura en la parroquia.
    Mezcló
en escrupulosas proporciones el blanco y los azules
    con otros colores de emulsión y pintó
cientos de paisajes tropicales, nórdicos, sabanas,
    montañas y tundras. Creía
que el Azul Monforte podía aplicarse a cualquier
    latitud, ser reconocido de manera inequívoca
    y no alterar
la naturaleza del paisaje original, si bien nunca logró
    demostrar la hipótesis ni dar
con la pócima cromática. Pero cada año el Azul
    Monforte reaparecía en el cielo de agosto.
    Se anunciaba

meses antes, en abril translúcido de cobalto con
    destellos rosas al atardecer por el frío. Después,

en mayo, adquiría
cuerpo azurita y en junio se irisaba, cada vez más
íntimo y suave, elástico en la sensación de un
matizado irreal, pues era
tan azul en el cénit como en los bordes [en todos
sus bordes]. Para finales de julio se intuía
el instante y a primeros de agosto se compactaba.
No duraba más de veinte días. En septiembre, se iba
disolviendo o entraba [como decía mamá]
en aleación. Se asomaba a la ventana y yo la
acompañaba impaciente. Daba
la impresión de que me iba a lanzar de cabeza a un
estado desconocido del agua, ni material ni
volátil. Tal vez el éter.

NO ERA CONSCIENTE
DE LO QUE SE AVECINABA

I

LA SITUACIÓN se hace insostenible y mi madre
        entra en una Residencia. Al principio experimento
placidez y relaciono la placidez con las mujeres
        embarazadas en el último mes de gestación
        [cuando saben
que todo está a punto de concluir]. Después, me acuesto
        en aquella casa vacía y siento
que el parto se adelanta. Llegan las contracciones
        y la dilatación es mayor que el cuerpo. El dolor
        crece [como podéis imaginar]
hasta lo insoportable. Llevo nueve años inventando
la supervivencia de una mujer desahuciada y me
        pregunto si tiene sentido algo de lo que he hecho.
Evoco las excursiones a la costa para que nadase,
        los paseos por el río para escuchar
el canto de los mirlos y las fiestas familiares donde
        fuimos
figuras imprescindibles [«eres mi paje», decía ella
        en clave cortés]. Todo ese tiempo de sacrificio
        y felicidad [pienso]
concluye en un mal parto.

Paso unas semanas escribiendo y haciendo pequeños
       viajes. Veo
gente a la que no había visitado por falta de tiempo
       y trato de recuperar
en largas caminatas el peso ideal de mi juventud.
Tampoco es que me encuentre más libre ni que
       descanse más o que me sienta aliviado.

La percepción del tiempo, entre cada visita que
       le hago en la Residencia, se ensancha
al estilo de los largos viajes, cuando las referencias
       se translocan
y el cuerpo se extiende en las cronologías de una
       superficie rodante.
Transcurre solo una semana y en esa semana me alejo
tanto de mí que la distancia densifica la memoria
       y la semana se convierte
en un periodo demasiado extenso para no regresar
       junto a ella.
Si aún hay vida, hay también dolor y sufrimiento,
       amor y miedo, perplejidad y revelación.
       ¿Cómo suspender
la consciencia que nos une mientras todavía nos
       reconocemos?

Yo no había olvidado nuestro viaje a Madrid. Me metió
en una pensión lúgubre y me encogí dentro del abrigo.
        Bastó con que la mirase y me sacó de allí
[no tuve que decirle nada]. También recordaba que al
        volver un fin de semana de la universidad [tenía
veinte años] me llevó a la cocina con mi padre y dijo
        que debía buscarme vida propia, pues «esta que
        haces
no la comprendemos y tampoco te la podemos pagar».

Yo sí comprendo su pánico cuando la mujer
        de la Residencia se le agarra
a la silla de ruedas y empieza a gritarle a su hijo
        [que se despide
desde la puerta]. Le llama *Señor* y en la confusión hay
manantiales de deseo. El hijo no sabe dónde meterse
        [quiere huir] y ella sigue gritando
[términos obscenos, insultos]. Nosotros dos nos
        quedamos
juntos [la beso]. Dice, «dame otro. ¡Qué bien me
        sientan!». Usa mi nombre [el nombre que solo
        ella usa].

I

M UERE WILSON [Edward Osborne Wilson] y los
periódicos lo recogen en informaciones con foto
pero no le dan
la portada [pese a ser un científico que transformó
la visión sobre nuestra especie].

En 1975 [a los 45 años] sentó las bases de la
sociobiología y relacionó
al ser humano con el resto de animales sociales
[hormigas, lobos, abejas, delfines o urracas].
Como era
un experimentado mirmecólogo, hizo de las hormigas
el centro de sus tesis [poseía
una extraordinaria visión holística].

Supe de Wilson por *Homosexuality: A philosofical
inquiry*, un ensayo de Michael Ruse que me
condujo
a él y a la concepción altruista de la homosexualidad
[*a cambio de libertad, el/la homosexual les regala
a los hermanos su parte de reproducción*].

Kar-Lah-Khan, princesa de la República India
　　Nómada [facción Euskadi, independentista
　　y desconfiado
de todo lo español] no había leído a Wilson ni a Ruse,
　　pero creía
que las madres educan a un hijo [generalmente un
　　hombre] para que les sea
«útil» a ella y al resto de sus hermanos [utilizaba útil
　　en el sentido de altruismo].

Al borde de un *cliff* malabar [con palmeras alrededor
　　y en un momento meditativo] Kar-Lah-Khan
　　también aseguró
que las madres [verdaderas] aman al hijo asesino más
　　que al hijo suicida.

El último artículo de Wilson me genera dudas.
¿Lo escribió para arrepentirse o es un testamento
      cínico?

Después de colocar a las hormigas en el centro
      del modelo social, declara
que los humanos no deben emular nada de ellas
      [¿lo habría dudado
alguna vez?] porque todas «las hormigas involucradas
      en su sociedad son
hembras [subraya]» y los machos «acabaron como
      simples misiles de esperma».

Además [añade] envían a las ancianas a la guerra
      o las trasladan
a un vertedero. A veces se las comen,
no tanto por apetito como por la proximidad
      de la muerte, que resulta
[apunta Wilson] repugnante para el hormiguero.

Al año de morir papá, mi hermano le recordó
a mi madre que la casa donde vivía era suya [la había
        comprado
en un lío de herencias a precio ventajoso]. Luego
        le comunicó
que se instalaría allí con su mujer. Mamá miró
por la ventana el huerto [cuarenta años de tierra
        removida
con las manos en el huerto] y habló sobre los cucos
        [«este abril no los he oído cantar»].
Reflexionó en alto [«alquilaré un piso en algún edificio
        próximo»] y el hijo le aclaró
[«para evitar malentendidos»] que no pretendía
        echarla [«queremos reservarte

en la casa una habitación»]. Ella no tardó
en hacer el traslado. Mi hermano ni siquiera la ayudó
        a recoger. Examinaba
solo cómo el hombre de la mudanza embalaba
        las cosas y las metía en la camioneta. Al final
        se quejó
de que se llevaba demasiados bultos [«la casa, mamá,
        parece deshabitada»].

G ASPARD ULLIEL esquía en la pista de La Rosière
y colisiona
con otro esquiador. No recupera la consciencia. De los
        hombres más hermosos de la historia, él ocupa
el tercer puesto [tras Alejandro Magno en la piel
        de Colin Farrell y Álvaro de La Flor], con esa
        inquietante cicatriz en la cara que le dejó
la mordedura de un perro.

El desamparo de Ulliel [la ternura] era conmovedor
        en *Juste la fin du monde*,
el film de [Xavier] Dolan donde interpreta a Louis,
        un homosexual extorsionado por su familia.
Regresa a casa tras una larga ausencia para
        despedirse de ellos [padece
una enfermedad incurable] pero todos están
        demasiado ocupados
con sus vidas y no le dan oportunidad de hablar
        [en realidad, ni siquiera se habían dado cuenta
de que llevaba tanto tiempo fuera]. Su hermano
        [el mayor] llega a actitudes violentas.

También yo tengo un hermano maltratador [cobarde].
        A nuestra hermana [cinco años menor que él] la
        humillaba

al quedarse solos. Conmigo [diecisiete años más joven] desarrolló
un completo catálogo de torturas, casi todas relacionadas
con su aptitud para provocar dolor y una confianza ilimitada en el poder persuasivo del dinero.
Lo que más le gustaba era verme llorar. Si mamá salía, me pegaba
o rompía mis juguetes. Yo estallaba en llantos inconsolables [infantiles] y él se partía
de risa. Pero incluso delante de nuestros padres, sentía la necesidad de lastimarme.
Eso lo obligaba
a ejercitar la mente y a buscar estrategias compatibles entre su placer y la amenaza de la reprobación paterna.
Una mañana de niebla en la que llegó temprano de trabajar,
intentó arrastrarme fuera de la cocina, donde mamá preparaba
el caldo. Yo me resistí. Él estaba tan apremiado por el deseo que me prometió
una peseta si lloraba. Le pedí un momento y me metí
entre la ropa que se secaba sobre la bilbaína [colgada de un cordel]. Emití
un sonido semejante al del llanto y después [con disimulo] unté
con saliva el ángulo de los lacrimales. Dejé que la saliva resbalase

por el párpado inferior. «¿Así es suficiente? [dije]»
y él estalló en una munición de carcajadas,
        «¿Ves eso, mamá? ¡Llora por una peseta!».
«Pues ahora tienes que dársela [reclamó ella]»
        y me la dio. Me sequé la saliva con la manga
        del jersey y me remangué,
«No son lágrimas. Es saliva» [la lengua siempre es
saliva]. Mamá se burló, «Es más listo que tú».

Jhonier, el hermano mayor de Mauricio Leal, padecía
un cainismo severo. Durante meses planificó cómo
        quedarse
con la fortuna de su hermano, un famoso peluquero
        de Colombia. El problema no era
solo eliminarlo a él, sino deshacerse de la madre,
        la heredera legal. Al final, los asesinó
juntos [aparecieron en la misma cama,
        como si mantuvieran
lazos mórbidos]. Antes de degollarlos,
exigió a Mauricio escribir una nota donde
        se disculpaba
por haber matado a su madre y suicidarse.
En el escrito, indicaba también que legaba sus
        pertenencias al hermano mayor.

Las tácticas de los primogénitos son asombrosas
        para ejercer
los derechos sucesorios [la cabeza del linaje
        es Medusa].

Durante la infancia creí que tenía tres madres
y me sentí el niño más afortunado del mundo.
Mi segunda madre vivía

en la casa de al lado [portal con portal]. Era viuda,
había perdido dos hijos y padecía
orfandad de sucesión. Ella me adoptó como terapia
y yo aprendí a amarla
como a las verdaderas madres [la peinaba, me gustaba
su regazo, le hacía caricias].

Dentro de un baúl [en su dormitorio], escondía los
recuerdos de los hijos que me habían precedido
[una niña y un niño]. Guardaba
zapatos con el último barro que los zapatos habían
pisado,
la ropa del día último, fotos y alguna joya [pequeñas
medallas de oro y anillos con zafiros de
imitación]. Cuando cogió
confianza conmigo, me abrió el baúl [precioso por
dentro, con forro de papel floral en escala de
azules] y extendió
sobre la cama las fotos donde la ropa y las joyas
aparecían
en sus propietarios. Me instó a ponerme la ropa

y obedecí, pero solo el vestido de la niña parecía de mi talla [me iluminaba el rostro]. La segunda

madre me abrazó fuerte [muy fuerte] y me rozó con labios maternales las mejillas [suaves].

Eres mi niña [dijo].

La mía.

QUERIDO EDUARDO

DURANTE una sesión de yoga Nidra se me aparece
 Ernesto Guerra da Cal. Quiere
una compensación. Si no económica

[habla como un poeta] sí reparadora, sea
en forma de poema escrito o de materialidad poética
        [cree que puede haber poesía inmaterial].
        No me odia
[porque no me conoce] pero lo incomoda que escriba
sobre él y Lorca, relacionándolos [al parecer]
de una manera erótica que *nunca existió*.

Tardo en enfocar su cara [las vaharadas de la maya
        ilusoria golpean mi cerebro] y lo confundo
[sucesivamente] con Bouza Brey, con Cunqueiro,
        con Álvarez Blázquez y Fernández del Riego.
        Él se ofende
[«se nota que no eres reintegracionista. ¡Soy Guerra
        da Cal!»].
Me disculpo [«te recordaba más delgado»] y él
        disimula [«he renunciado a creer en la bondad

del ser humano»]. Dejó de ser
el joven de labios insolentes que vivía en Madrid
        y se ha convertido
en un exiliado que enseña español en Estados Unidos.
        «Me intereso
solo por lo puramente imaginativo y agradable [dice],
        por lo irreal e ilusorio. Me siento

pesimista fervorosamente».

No repararía en Guerra da Cal si no fuera
por unas cartas [1931-1948] que Ramón Suárez Picallo
    le escribió a Eduardo Blanco Amor. En ellas
    aparenta
un ser distante [enigmático] que se relaciona con
    Lorca, Serafín Ferro, Cernuda, Aleixandre
    y Eugenio Montes. Parecía
un fermento comunitario [como el que llevaban
    entonces de casa en casa para hacer
pan]. La sensación se acentúa al leer otra
    correspondencia [la suya con el propio Blanco
    Amor] donde escribe
que «Serafín Ferro morirá como ha vivido
    [poéticamente]» y que Picallo probó
«las delicias del ébano en Santo Domingo». A pesar
    de la sorpresa [en Galicia no había

testimonios homoeróticos a esas alturas] me resultaba
    difícil discernir
en él una personalidad inequívoca. Hasta que veo
los originales de los *Seis poemas galegos* y todos [salvo
    uno] tienen su letra. Los filólogos opinaban
que Lorca y él escribían juntos [en la dilatación de
    una experiencia erótica] y Blanco Amor no deja
dudas [«eran amantes»]. «¿Qué tontería es esa?

[protesta Da Cal]. Me limité
a actuar de traductor. Buscaba las palabras en gallego
que más lo impresionasen
y Lorca elegía las que le salían de sus líricos cojones».

Guerra da Cal levanta los brazos en señal violenta.
    Intento calmarlo [«hay distintas formas de amor.
    La pulsión homoerótica no tiene que ser
sexual»] y se enfurece más [«me gustan las mujeres.
    Me casé. Tuve un hijo»].

«Entonces, ¿qué quieres? [pregunto]». «Escribe ahí:
    Lorca no fue amante de Guerra da Cal». «Acabo
    de escribirlo. Ya está. ¿Contento?».
«Ni contento ni disgustado. Simplemente es la
    verdad».
«¿La misma que impulsó a Lorca en la *Oda a Walt
    Withman* [homófoba y ridícula]
o la que impidió a Blanco Amor reivindicarse en
    una sola línea de sus novelas?». Da Cal sostiene

el aire en los pulmones [*uno, dos, tres, cuatro*] y exhala,
    «todos mentimos demasiado sobre la Verdad,

¿no crees?».

Las vejaciones [los insultos] empezaron a los doce
    años.
Todos estábamos creciendo y mis compañeros se
    percataron
de que no crecía como ellos. Ya no nos gustaban
las mismas cosas y habían cambiado nuestras
    percepciones emocionales.

Me angustiaba, sobre todo, volver a clase tras
    el recreo. Subíamos
en tropel por las escaleras y me insultaban desde
    los pisos superiores. Yo me pegaba
a la pared y siempre había alguien [no me daba
    tiempo a verle la cara] que me golpeaba.
Me daban en el estómago y me quedaba
    [momentáneamente] sin respiración. Lo más
    asfixiante, sin embargo, era

aquella multitud evitando mirarme.

I

M AMÁ SE TIRA de la silla de ruedas y un TAC revela
coágulos y hematomas en la cabeza. La incomunican
en una habitación a la que se entra
con EPI, gorro, mascarilla y guantes [también le han
detectado covid]. Ella grita
[continuamente] como si la estuvieran estrangulando
pero, aún así, conserva
la personalidad intacta. «Córtame la mano, cariño
[dice] y échasela al caldo».

II

Miramos juntos por la gran ventana hermética del
hospital pero ella solo ve la luz [los nimbos]
y le describo
lo que no ve [los tejados de pizarra y las grúas
de la ciudad, la lavandera blanca picoteando en la
hierba, el módulo reservado a los presidiarios
y el mirlo en un liquidámbar]. «Quien escucha
al mirlo [farfulla ella en la fragmentación cerebral]
ve un nuevo amanecer».

La geriatra es pesimista [«¿no han pensado
      en sedarla?»] y realmente ella abandona
el hospital como si estuviese en el estertor de la vida.
      No come.
No mantiene conversaciones. No abre los ojos.
      Oye peor. Le duelen
los huesos y se le han quedado tan delgadas las piernas
      que parecen
patas de cigüeña. La saco quince días de la Residencia
      [siempre creo que puedo salvarla]
y ella pasa [en esos quince días] por estados distintos
      de ánimo. A veces recobra
la capacidad de diálogo y practicamos juegos de
      realidad convencional. Le digo que ha perdido
      «definitivamente la cabeza» y pone
cara perpleja, «que yo sepa, tengo la misma cabeza.
      Si acaso, habré perdido el sentido».

IV

En los momentos de agitación, debo forcejear con ella
    [intenta autolesionarse]
y ella me anima, «pégame fuerte, hijo. Me lo
    merezco».

I

S E RETIRA los mechones de la cara [con un gesto
muy suyo]. Está
aturdido. Su madre murió el 18 de julio y la fecha
le resulta equívoca [tiende a la cábala].

Cíclicamente cae en estados de contradicción
[es marxista], pero esta vez resulta
diferente. A la tensión habitual entre el ansia
y la destreza [el placer], se une
la desaparición de su madre. Estaba sola
y la encontraron
tirada en el suelo. A lo mejor llevaba allí horas
[la idea le resulta insoportable].

Han pasado seis meses y todavía no lo ve. «¿Cómo es
posible que no quede nada?».

Caminaba delante de mí como un dios elefante
    [reía de manera apasionada] y supe
que habría algo entre nosotros. A las pocas semanas,
    coincidimos
en la asamblea del 42 [Rúa do Franco] y descubrí que
    estábamos
en la misma célula. Hubo discusiones teóricas
    [el subcomandante Marcos se había levantado
en Chiapas] y hablamos también de gimnasios.
    Defendí [en solitario] a Michael Sambello y él me
    escuchó
asomado a un precipicio. Estiró la mano sobre la
    mesa, me pidió que se la cogiese
y miró al fondo, «es como si viese a mi madre».

Cuando nos abrazamos [mucho después, una noche
    de agosto] sentí
una carga esférica en el vientre.

I

N ADIE le habla en la Residencia [realmente]
　aunque le hagan preguntas y se ocupen
de mantenerla en condiciones óptimas de aseo
　　y manutención.
Ella se sobrepone a las circunstancias inventando
　　viajes [«¡van a pensar que soy una veraneante!»]
　　y solo les reclama
a las auxiliares vino y un cuchillo para pelar patatas
　　[la hoja gastada se adapta mejor a las formas
　　del bulbo].

Ha olvidado la exactitud de las secreciones, del tiempo
　　y de la muerte. Es
como una mina a cielo abierto que ha cambiado
　　el perfil de la montaña pero conserva
la orientación de la veta.

Tarda en reconocerme cuando la visito [distingue
solo bultos] y embarulla la conversación para ganar
    tiempo [no tiene claro si soy
yo, mi padre o un hombre de Bascós]. Su discurso
    presenta
demasiadas contradicciones [es consciente de ello]
    y se pone

a la defensiva. La abrazo [casi la lastimo] y le doy
un beso. Ella se reencuentra.

El trabajo es arduo. Al apuntalar su memoria también
    se me avienen
afectos olvidados, sucesos perdidos en la génesis
    cerebral o recuerdos que no tenía
hasta este instante [incluso recupero destellos
    del placer que compartimos
cuando existíamos juntos].

Mi padre alimentaba día y noche el fuego con sus
 manos. Cruzaba
con las manos las sierras [incandescentes
 a 900 grados] y regresaba
de las sierras oliendo a rescoldo, con la ceniza
 tiñéndole
el mahón y la cesta llena de whasingtonas.
 «Estas naranjas solo las comen
en Londres y en París [le decía a mamá]. Ahora para
 vosotros».

[Escucho su cuerpo a través de ella].

LA DISTANCIA

I

H ABLA con los ojos cerrados. / Dice que así ve
mejor.

II

[El pasado no pasó / el pasado está por pasar].

III

[Los llamé a todos y no contestaron
porque no había nadie. Y no había
nadie porque estaba en una casa diferente
a la casa donde recordaba estar].

IV

[A veces recuerdo lo que no sucede].

V

[Recuerdo que no podía moverme en la cama.
    Recuerdo que, después, la cama se abrió
por el medio y no podía levantarme. Pero también
    recuerdo
que estaba en la casa donde me crie y llamaba
a personas que no existían.

Las personas a las que puedo llamar ya no existen].

VI

[Lo único que puedo recordar es lo que sueño.
De la realidad no recuerdo nada].

I

OBSERVO el espacio que me rodea y reconozco
en él mi casa, aunque avanzo hacia la cocina
y siento [de repente]
que la verdadera casa es donde nací [la casa
de mi madre] y que nunca podré volver
[observo con extrañeza los libros, los cuadros
y los recuerdos metidos en cajas transparentes].

También mamá quiere volver siempre a casa.
Me lo pide en las visitas que le hago. Pero la casa
a la que quiere volver
no es la suya [la casa donde yo nací], ni la casa de
sus padres, sino la casa donde se crio [la rectoral
de un iglesario].
Su memoria parece una camelia que pierde
los pétalos en espiral y muestra sus estambres.
No sabe la edad que tiene [si se la digo, se enfada,
«¡exageras!»]
pero recuerda [«perfectamente»] el día en que
aprendió a andar por el pasillo de la rectoral.

Permanecen intactas en su lengua las palabras
de sus padres, las del tío Avelino do Reque
y las de la señora María do Pichá [que la instruía
en el monte con las vacas]. Las palabras de los Xarifas,
las de los Rapelos y las de los vecinos
de la redonda. Aparece
cada día una palabra que ayer no existía y la esparce
por la ropa [el sostén, las bragas, la faja, el jersey,
los pantalones, la bata, los calcetines, la pashmina...].
Palabras que yo no lograría imaginar si ella no
las pronunciase.

El tío Avelino do Reque hablaba con la punta
 de la lengua en la brecha de los labios, como si
 el idioma fuera
un sostenido apicoalveolar. «Veréis, queridos
 sobrinos», decía él al lado de la bilbaína, y los
 sobrinos [cuenta mamá] ya se echaban a reír,
excitados por el cordel imprevisible de sus aventuras.
 Cuando se enfadó
con su mujer [la tía Pilaras], metió la ropa en una
 maleta y se marchó
de casa. La tía Pilaras le salió al corredor y se palpó.
 Le gritaba «¡Ladrón, mal bicho, ya volverás!
Esto te traerá de vuelta a casa». *Y creedme, queridos*
 sobrinos, fue verla allí, en el corredor, palpándose,
que el corazón me dio un latigazo. Di media vuelta
 y caí a sus pies: Pilaras, todo lo que tengo es tuyo.

I

REMONTAMOS el río hasta el lugar donde Kar-Lah-
Khan determinó
que tirásemos sus cenizas [dejó elegida la barca
        y adelantó el pago
del barquero, un hombre de unos veinticinco años
        y cierto estrabismo con quien había tenido
encuentros esporádicos]. No podría quejarse. Al final,
        logró reunir
en un extremo del mundo [Benarés] a todas
        las personas que la amamos,
bien en su etapa de empleado de banca
        o en la de princesa nómada.

Antes de que le diagnosticase el cáncer o mostrase
        síntomas, adivinó que no tardaría
en morir. Lo comentó durante nuestro último viaje
        a la India [hace ocho meses], en una de las largas
        sobremesas del desayuno, mientras fumábamos
chílums en compañía de viajeros encantadores
        a los que ella atraía
con *charas* exquisito y belleza andrógina.
        «Me ha cambiado el carácter [dijo]

y ni siquiera me pican los mosquitos, ¡a mí, que era
    un manjar de lo dulce que tengo
la sangre! El cuerpo solo me pide contemplar
    el horizonte, esperar que el día se apague
y sumergirme en la oscuridad». «Será que comes
    demasiado opio» [me reí y ella se molestó].
    «Sabes que ya no pruebo el opio. Está claro que
    se trata de una premonición».

II

Esparcimos las cenizas en el río, lanzamos guirnaldas
    de flores y depositamos
pequeños cuencos vegetales con pavías [en la ciudad
    las llaman
diyas, luz]. Las cenizas se hunden rápido,
    pero los cuencos y las flores se alejan
flotando [lentamente] y los seguimos con la mirada,
    como si liberasen del lodo una sustancia
    perdurable.

[L<small>A POESÍA</small> mantiene pautas biológicas, aunque nada en ella tenga propiamente vida].

I

LES SEÑALABA la isla durante nuestras vacaciones
    y les decía que allí debía de vivir
gente. Mi familia me miraba incrédula y me disuadía,
«ahí no puede vivir nadie». Yo aducía que «por lo
    menos»
habría un farero para accionar por la noche la
    linterna. Además, veía casas. Ellos se extrañaban
[«¿casas?»]. Ponían la mano a modo de visera sobre las
    cejas. Enfocaban
la distancia y escrutaban la superficie. «No son casas
    [concluían]. Son únicamente piedras».

Durante años dibujé la isla e imaginé su perímetro.
La describí con tal exactitud [con tanta insistencia]
     que mi familia aceptó
que estuviese habitada. Por supuesto, yo no había leído
     a Thomas More
pero fabulaba con la posibilidad de que la isla fuese ajena
a la inclemencia social y a las obligaciones de la
     propiedad [ahora resulta difícil de comprender
cómo expresaba entonces las nociones de amor
     y de odio].

El siguiente paso fue ir allí. Mi familia se opuso.
     Era demasiado joven [decían]
para viajar solo y ellos no tenían intención
     de acompañarme [deducían
que se trataba de un lugar aburrido porque nadie hablaba
     de la isla salvo yo]. Persuadí
entonces a mis amigos de que había un territorio virgen
     en la costa
donde se podía vivir de la naturaleza. Ellos tampoco
     habían leído
a Thomas More [por supuesto] ni conocían los estados
     del buen salvaje, pero comprendieron
de inmediato a qué me refería [todos queríamos ser
poetas, filósofos, psiconautas y periodistas, una
     personificación única y simultánea].

Tratamos de convencer a nuestros padres de que nos
    dejaran viajar
y se mostraron inflexibles, pero sacamos tan malas
    notas en junio [suspendimos
tantas asignaturas] que aceptaron transigir si
    aprobábamos en septiembre. Durante el verano,
    nos aplicamos
con el latín, la física, la química y las matemáticas.
    Madrugamos
para correr por las pistas y llegar espabilados a las
    clases particulares. Al final, lo aprobamos todo
y nuestros padres nos regalaron un mes de libertad
    en *la tierra incógnita*.

Hicimos varios transbordos de tren y cogimos dos
    autobuses. Después, acampamos
en una playa golpeada por el viento y acordamos
    con los marineros de un puerto vecino que nos
    llevaran
a la isla. Se hacían a la mar a las cuatro
    de la madrugada y nos advirtieron
que no esperarían por nosotros. Casi no dormimos.
A las cuatro estábamos en el puerto con las mochilas
    empapadas
de rocío y nuestras vituallas [leche, cerveza y papel
    higiénico, básicamente].

Llegamos a la isla todavía de noche. Los marineros
    estaban ansiosos
por deshacerse de nosotros y nos abandonaron
    en un estrecho embarcadero sin más indicaciones
    que un dedo señalando
un punto inconcreto de la niebla, «ahí arriba está
    el poblado».

[Parecían ver algo que para nosotros permanecía
    oculto].

Nos juntamos en un círculo y decidimos
    [en asamblea] adentrarnos
en la oscuridad. Subimos una rampa y [efectivamente]
    encontramos
un poblado, pero no se oía nada [no había
luces en las casas]. El faro quedaba oculto en la niebla
    y la oscilación amortecida
de la bajamar creaba un «eco letárgico en el silencio»
    [dije en inspiración lorquiana]. Improvisamos
otra asamblea [queríamos pensar fuera
    de la capacidad propia de los pensamientos]
    y la mayoría decidió
que un grupo buscase un lugar de acampada y que
    otros [entre los que me incluyeron a mí] vigilasen
las mochilas y las vituallas. Protesté [«soy el único
    que ha cartografiado la isla»] y me taparon la boca
    [«son imaginaciones tuyas»].

Los expedicionarios regresaron antes de que
    se hiciera de día y exhibieron
las heridas de la misión [se habían caído por
    pendientes, rasguñado en tojos, tropezado].
También nos comunicaron que habían dado
    con un área practicable, «allí estará nuestro edén».

Montamos las tiendas al borde del mar, entre
    eucaliptos que ululaban.
En una nueva asamblea [con mi abstención],
    acordamos
que el asentamiento se denominase Seattle Upon Sea
    [yo prefería
Xerfa o Ronsel, nombres patrimoniales que apenas
    se valoraron]. Nos pusimos
apelativos que excediesen nuestra identidad [filósofo
    existencialista, teórico anarquista, ideólogo
    hedonista, cartógrafo] e instauramos
una bandera negra que confeccionamos con un jersey
    y engastes de conchas, erizos, plumas de gaviota
    y brotes de falsa árnica.

La niebla alteraba los colores con una luminosidad
    que no provenía
del cielo, sino del interior del paisaje y casi
    hablábamos
más de la luz [de lo incorpóreo] que de la isla.

Tal y como imaginaba, no existía la propiedad
    en la isla [tampoco había electricidad]. Todas las
    casas estaban
abiertas y nosotros entrábamos en las casas como
    espeleólogos con linternas en una sima.

En la cumbre estaba el faro [esvelto y blanco], pegado
    a una construcción que servía
de vivienda. Fuimos a explorarlo y salió el farero
    con una escopeta de cartuchos. Amenazó
con disparar si no nos íbamos. No paramos de correr
    hasta el poblado.

Había dos cantinas que sobrevivían gracias al tránsito
    de los marineros [la mayoría de las familias
    habían emigrado
al continente]. Una de las cantinas la regentaba un
    guarda forestal [con el monopolio de vender pan
o gestionar el teléfono público]. De la otra
    se encargaba una anciana con un solo ojo
    [y fama de vidente].

Íbamos al poblado por la tarde y comprábamos pan.
    En la cantina de la vidente tomábamos
un aguardiente macerado en un barreño con hierbas

que la anciana recogía
durante la primera luna llena del verano.
   El aguardiente nos provocaba
euforia [según el filósofo existencialista, llevaba
   absenta].

Las cantinas estaban pared con pared pero
   los propietarios no se hablaban entre sí y nuestra
   predilección
por el aguardiente de la anciana irritó al guarda
   forestal. Nos advirtió
que no nos vendería pan ni nos conectaría el teléfono
   si no le consumíamos
también alcohol. Improvisamos una asamblea
   y optamos
por beber alternativamente en las dos cantinas [había
algo desde el principio que no funcionaba y no era
   solo la niebla].

VIII

La niebla no se iba nunca. Al mediodía se abrían
tenues brechas azules sobre nuestras cabezas
pero [tarde o temprano] la niebla volvía y traspasaba
la lona de las tiendas. Nosotros nos abrazábamos
     dentro

[como si nunca hubiéramos sido tan felices].

IX

Vivíamos la isla como un espacio de amor libre
    [ejercíamos
capacidades de supervivencia] y en una asamblea
    nocturna [en torno al fuego] acordamos
    organizarnos
en una estructura sectorial [nos pareció lo más
    práctico]. Fijamos las secciones y elegimos
[democráticamente] a los encargados. Uno buscaba
    los alimentos y otro los preparaba. Había
sendos encargados de la caja común, de la limpieza
    o de los recursos naturales. Al abstemio [el único
    comunista del grupo] le encomendamos
la distribución [equitativa] de las sustancias y yo
    [«como andas con cartografías», dijeron] asumí
la misión de dar con los caminos perdidos.
    El filósofo hedonista se postuló [y se impuso]
para el puesto de las relaciones exteriores
    [debía ganarse a los vecinos que quedaban
en la isla y a los clientes de las cantinas] mientras
    que el existencialista [en contra de su voluntad]
    salió elegido
secretario de la organización [levantaba acta de
    las asambleas, pactaba contenidos y coordinaba
    actividades].

El responsable de la alimentación cosechó moras
en los arbustos y manzanas en los huertos
abandonados. Confeccionó
un retel con una red de naranjas y pescó camarones.
Era tan intrépido que se enfrentaba
a las olas y les arrancaba a las piedras mejillones,
lapas y percebes [gruesos como dedos de un pie].
El cocinero coció los percebes e hizo con el resto
una paella que elegimos
[por unanimidad] la peor paella del mundo. «Las lapas
le dan un desagradable sabor bravío» [dictaminó
el hedonista]. De postre, tomamos una infusión
de datura [hierba del diablo] según la
prescripción de la vidente, que nos advirtió
del «efecto imprevisible» de una negligencia en
las cantidades [«por mínima que sea»].
El secretario se sintió invadido de una fuerza
trascendente y se echó al monte. Cuando
lo encontramos
[a la mañana siguiente] sus pies eran llagas y sus
labios susurraban
revelaciones, «la obediencia no emana de la sumisión
ni del acato. Todos, en algún momento, queremos
quedar bien».

X

La mayoría de los senderos se habían perdido pero
    sobrevivía [bajo helechos, tojos y brezo]
    la manzanilla que les había servido de tapiz.
Repté como un lagarto ocelado [la isla estaba llena
    de ellos] y perforé en la maleza túneles. Las espinas
    me desgarraban la carne [perduran cicatrices]
y por momentos me invadía el pánico [biológico]
    a la oscuridad y los insectos. Pero solo después
    de perderme en la broza comprendí
qué hay más allá de la belleza del horizonte.

Una mañana nos despertamos y apenas quedaba
    niebla. Nos miramos
[perplejos] y observamos con incredulidad la costa
    de enfrente. Estaba
tan cerca que veíamos los coches circular y las playas
    llenas de sombrillas. «No puede
ser real [nos dijimos]». Hubo discusiones [cada vez
    más] acaloradas y brotaron
insultos [nerviosismo]. También antiguas disputas,
    fobias y competencias larvadas.
Una camarilla [en torno al teórico anarquista] incluso
    cuestionó
que estuviésemos en una «auténtica isla» y sugirieron
    [sin concretarlo]
que había un paso inundable hasta tierra. La tesis
    ganó
adeptos al reparar el anarquista en que septiembre
    era un mes de mareas vivas [anormalmente altas]
    y resultaba
difícil que el paso hubiera emergido en estas
    condiciones extremas de flujo, «pero en octubre
    [subrayó] será
evidente y nos arrepentiremos de haber participado en
    este fraude». El filósofo existencialista
    [el secretario] medió,
«todos hemos recorrido la isla y hemos visto que

la rodea el mar». El anarquista protestó, «es una
ilusión. Hemos confundido

el mar con la niebla».

Les saqué mis mapas y no los quisieron ver [«nos has
traído aquí engañados»]. Apelé
entonces al encargado de asuntos exteriores
[el filósofo hedonista] y tras un circunloquio
retórico [«no comprendo
bien las conversaciones en las cantinas porque soy
castellanohablante»] afirmó
que nunca había escuchado decir en el poblado a
nadie que estuviese en una isla. Esa intervención
fue
definitiva. El teórico anarquista [con gestos de furia
teatral] ordenó
desmontar las tiendas [«¿qué más queréis oír?»]
y todos lo obedecieron mientras renegaban
de las asambleas [«¡hemos estado manipulados!»].
Miraban
los rectángulos vacíos de las tiendas en la hierba como
a animales atropellados.

Al filósofo existencialista le angustiaba romper
    el grupo y me pidió
que no me quedase solo. «Ahora que hemos
    comprendido lo posible y lo imposible
    es momento de tomar decisiones [me azuzó]».
    A mí me desagradaba
regresar antes de tiempo y le ayudé a cargar
    la mochila a la espalda. Se despidió

con un abrazo, «al final solo existía la niebla».

I

¿CÓMO HACER un poema que dure exactamente
el tiempo que el poema tarda en hacerse?
Un poema que se construye a sí mismo,
        sin mecanismos literarios o rasgos estéticos
        [sin voluntad sonora], legible
en cuanto a la apariencia aunque no posea fondo
        y sea únicamente transcurso [movimiento].

II

¿Y después qué harías con el poema? ¿Irías
al otro lado como quien bordea
la montaña para obtener
la visión completa de su forma?

III

Los arroaces pasan tan cerca de la costa que nos
    quedamos
inmóviles en el agua, de pie, observándolos saltar
en bucle con sus enormes barrigas blancas.

AZUL ONS
[*MILKY SEAS*]

I

Cogemos el barco de Manolo y nos lleva
al otro lado del mundo [Ons].
Berta [en el barco] come galletas traídas de Madrid.
Deneuve manipula las apps de proximidad [«no hay
contactos en cinco kilómetros a la redonda»]
y María fuma
[«vivo en un denso mundo mítico con coordenadas
simbólicas»]. Braulio actúa
con seducción [ha visto una lancha de percebeiros
que llevaba nuestro rumbo] y Luísa se interesa
por el motor del barco [«si falla el corazón, quedan
los amigos»]. Soedade escucha
con Ferrán las conversaciones del pasaje sobre la isla
[«la información falsa también es información
auténtica»].

Nada más llegar, María organiza la cocina. Luísa
evalúa
si la compra que hemos hecho es suficiente. Yo me
encargo
de la terraza [el espacio donde hacemos vida],

con hamacas, jarrones de agapantos y vistas
a la Ría de Aldán, resguardada
por unos pinos de copas fosforescentes que por
la noche mordisquean
la luna en la Costa da Vela. Braulio viene colmado
de comida [autocultivo] y Deneuve nos muestra
lo último que ha adquirido en productos de belleza.
Habla [apasionado]
de la función del artista en la sociedad
autorreferencial y de la edad que se nos ha caído
encima [se lamenta]

«como un susto».

Berta traza sobre el papel una mancha verde [tinta/
    mica/azufre] y prolonga
el gesto en el aire. «Detrás está el azul [dice]». Me
    acerco al papel [me pongo
las gafas para la presbicia] y descubro [entre el papel
    y la mancha]

una costra diminuta. Ella se inclina sobre sus pechos
    redondos [desnudos] y le habla
a mi nuca, «hay colores que no sabemos ver hasta
    que nuestro cerebro los inventa».

El cielo se queda limpio y aparece

una latitud próxima al ultramar donde nada
    en la vista escapa
al azul [la distancia de lo desconocido]. Berta ladea
    la cabeza [perspectiva]
y respiro con profundidad oceánica, «en realidad
    la isla es espacio mental [suspensión]».

Recibimos visitas y renovamos lazos de confianza.
    Juani Hooper y Alex son asiduos
[frecuentan las dunas], pero también viene
Anxos [y otras amistades circunstanciales]. Un día
    coinciden todas
y bebemos cerveza hasta la madrugada. Hablamos
de la infancia y de la difícil transición adolescente.
    La mayoría descubrimos
ahí [en ese periodo quebradizo] el deseo por
    las personas de nuestro sexo. «No era
la atracción del cuerpo» [opino] sino «penetrar la fase
    oculta del sueño».

Los padres de Alex se preocuparon porque se
        ausentaba los fines de semana. Exigieron
una explicación. Lo sentaron en el salón del piso
        que acababan de comprar [habían regresado
de Caracas] y le hablaron amablemente. La madre
        le adelantó que aceptaría
«lo más extravagante» [se refería a una mujer negra]
        pero cuando les dijo que le gustaban
los hombres, el padre se quedó inmóvil y bajó la vista,
        «solo te falta coger una escopeta y pegarnos
        un tiro».

Yo se lo dije a mi madre un día que llegué tarde
        y me amenazó
con castigos severos. Exigía los nombres
        de las personas con las que había estado, saber
si iba con mujeres o frecuentaba iglesias. «He pasado
la tarde con mi novio» [estallé] y ella se quedó sin ojos
        [todo oscuro]. Tuve

tanto miedo que nos vi desde arriba, como si algo
        se hubiese desprendido de nosotros y volase.

Por la noche, bajamos a la playa y nadamos
hasta las balizas donde fondean los yates. Escorpio
    repta
por el nadir y tiene en la uña curvaturas de brillo.
    «Debe de ser
una ilusión óptica [opina María]», pero al chapotear
vemos que es la ardora [nosotros y la leche].

VIII

[En el horizonte permanece la luz última. / La unión].

I

P ARA EL CONTEXTO fundacional de Seattle Upon
　　Sea, releo
mis diarios [los quemaría si no necesitase
　　　periódicamente información fiable sobre mí].

Los volúmenes de los años setenta están centrados
　　　[de manera obsesiva]
en mi primer amante [la urgencia de ser amado
　　　y de amar].
El chico que escribe los diarios comparte conmigo
　　　recuerdos, pero él sabe más de mí de lo que
　　　yo recordaba
y yo sé más de lo que él puede recordar de su vida.

De manera general, me refiero a mi primer amante
　　　como Xisxís [XX]. Evitaba
escribir su nombre completo porque temía ser injusto
　　　y todavía hoy lo distingo
a lo lejos por el modo de andar [ese acercarse
　　　de animal encubierto].

El profesor nos manda escribir una página de copiado
    y Xisxís acaba
antes de lo que el profesor prevé [le interrumpe
    su lectura de la revista deportiva]. Se levanta
del pupitre para enseñarle el cuaderno y el profesor
    le sale al encuentro con una vara de mimbre
    [sospecha algo]. Coge
el cuaderno y balancea la cabeza [le disgusta lo que
    ve]. «Abre la mano [le ordena]» y Xisxís se
    la ofrece.
Los dos están a la altura de mi pupitre y les veo las
    caras [Xisxís con las gafas adheridas al entrecejo,
    brackets y pelusa infantil en el bigote].

«Te advertí que el copiado nunca se hace del libro de
    matemáticas», le dice el profesor y en ese instante
    le descarga
[inclemente] el mimbre en la mano. Cuenta «una».
    Después
«dos». Está rojo de rabia [«tres»] y no para hasta cinco
    [le impide alternar de mano].

Xisxís no mueve un músculo. Le brillan los ojos por
    detrás de las gafas, pero en ningún momento llora.

[Tenemos ocho años y me acabo de enamorar].

Durante el tiempo que compartimos,
fui testigo de la resistencia de Xisxís al dolor
    [una invariable actitud provocadora].

En el instituto, desafiábamos a los profesores
    falangistas con estrategias que delataban
su fanatismo. A él le gustaba crear confusión
    en la autoridad docente y [como consecuencia]
    lo expulsaban.
Sus padres invocaban un tipo de comprensión que
    en el instituto no compartían.

En plástica, moldeaba esculturas femeninas de
    pechos generosos. El profesor se los atenuaba
con un movimiento rápido de los dedos y él, en cuanto
    el profesor se giraba, se los reponía.
    [«Si no pudiese amarte a ti», me decía,

«amaría a las mujeres que te amasen»].

IV

Siempre nos sumergimos en el mismo río. Cambian solo la profundidad y el agua [la superficie].

I

A PARECE la luz atravesándome
y sé que no es amor pero está [prácticamente]
a su altura [las constelaciones extinguidas,
la penetración y el bramido en el tránsito hacia
la montaña].

Permanece incluso en este momento de destrucción
radiante
y es [tal vez] lo que quede cuando me besen.

Hombres que quiero ser [importancia del verbo]
      y la posibilidad de que me estén esperando.
Hombres que soy mientras camino
por el bosque, lejos de las sendas trilladas
      y de las luces, ebrio [desapegado]
como los espíritus tranquilos de la inmensidad.

El gitano portugués que fuma a las puertas del
     HULA vestido de negro [completamente] con
     un sombrero. El otro gitano [gallego] que se ha
     quedado con el uso del *parking* y me señala el
     bosque. Alex Landy antes de convertirse en un
     gif. El chico que sale del río con la ceja abierta
     por la raíz de un aliso y los ojos subacuáticos
     de irritación / el gran río tiene la barba florida.
     El inmigrante negro con tobillos de gacela y
     pendientes de piedra translúcida que lustran
     su belleza de Sahel. El chico rubio de pestañas
     transparentes y piel albina que brilla todavía
     con el nácar de la playa. El surfista que muerde
     el labio de las olas con los ojos y suspira, «lo
     que más me gusta de este local de Corrubedo
     son los camareros y nuestra curiosidad».

[Narcisos, marmotas, cigüeñas, candelaria, yemanyá,
san Blas, Valentín].

En una visita a la Residencia, me paro a comer con
    Braulio en Monterroso.
Durante la sobremesa, hace que me fije en un hombre
    de pelo espeso y cano [cortado al cepillo].
    Es mayor [mejillas de cuperosis] y tiene una
    barriga que lo obliga a comer
a distancia de la mesa [cada vez que coge algo
    en el plato alarga el brazo con torpor lento].

«Intimamos hace años [me explica Braulio] en una
    aventura azarosa».
Había ido a podarle un roble y el hombre lo invitó
a una botella de whisky que guardaba en la alacena.
    Se la bebieron
y acabaron masturbándose mutuamente [se corrieron
    juntos].

A la salida del restaurante coincidimos los tres.
    El hombre sostiene
la puerta para que pasemos y nos saluda.
No queda nada pero todavía se percibe en su voz
    [*holá, holá*].

N OS HACEMOS transparentes [vamos creciendo]
y resulta
cada vez más evidente el miedo [el tránsito], como
    un regreso
inevitable a la inmortalidad.

I

C UANDO me doy cuenta de lo que ocurre, tengo
la necesidad de estar
con mi exmujer y con mis examantes [los que todavía
viven]. No se trata
de una necesidad confesional [o dialéctica]. Necesito
dormir a su lado, tocarnos, penetración, tal vez más
[un abrazo].

Cojo el coche y me planto en casa de ella [no la llamo
antes
ni le envío un whatsapp]. Me conduce [tal vez]
el instinto de veintitrés años de convivencia
y deseo. Me abre
su hijo [el del segundo matrimonio]. Nunca me ha
soportado y bufa,
«mamá está en su habitación. No sale desde hace
días». Subo saltándome
escalones [es un dúplex adosado en una urbanización
de las afueras] y me la encuentro
recostada entre múltiples cojines de blondas blancos,
con un edredón blanco y un grueso *best seller* en
las manos. Deja

el libro al verme y se quita las gafas. Se pone una FP2,
    «¿tienes pasaporte covid?». Hago amago de coger
el móvil y me indica que desista, «basta con que lo
    tengas». Me siento
al borde de la cama [«¿qué te pasa?»] y retrocede
    al extremo opuesto, «estoy
fatal. Los tratamientos no funcionan. El psiquiatra
    cree que debo subir
la dosis de Sertralina hasta los 200 mg, pero desde
    que tomo Sertralina fibrilo.
No te imaginas lo desagradable que es. Hace dos
    semanas tuvieron que revertírmelas».
«¿Cómo no me has llamado?». «Si te llamase cada
    vez que estoy mal, volvería
a ser tu esposa y eso se acabó». «Hay confianza».
    «Si me faltases, sería
como estar muerta. Pero no me apetece que te comas
mis miasmas. Hay partes de mí que ya no te
    pertenecen».

Quedo para comer con un hombre al que amé hasta lo
    insano y en el coche [camino del restaurante] noto
molestias en el pie. Parece el dolor de una espina, pero
    es imposible que una espina haya traspasado
la cámara de las deportivas y tampoco [que yo
    recuerde] he andado descalzo. Me detengo
en un área de la autopista e intento mirarme la planta
    del pie. No lo logro [he perdido flexibilidad]
    y continúo
la ruta [llevo quince minutos de retraso y el hombre
    con el que he quedado se vuelve irascible si lo
    hacen esperar].
Cuando llego, ya se ha bebido tres cervezas y protesta
    [«siempre llegas tarde»] en una estela de agravios
    que [dice]
le he causado [«nunca has confiado en mí»]. Como no se
    calla, me quito la deportiva, tiro del calcetín y pongo
el pie sobre sus piernas, «creo que tengo algo ahí». Me
    acaricia el dedo con mirada de intencionalidad,
    «querido, se te ha clavado
una espina». El camarero le trae una aguja. Él la utiliza
    con tanta delicadeza que solo noto
que ha extirpado la espina cuando me la enseña
    [exultante de satisfacción] en la punta de la aguja.
    Seguramente es
el mayor placer que podemos sentir juntos.

Llamo por teléfono al hombre con el que viví cinco
    años y quedamos
en el bosque de Outeiro Batente [trabaja
    en un chiringo próximo y libra
de seis a ocho]. Al encontrarnos me mira como si me
    perdonase
la vida. Fuma con rabia [seguramente ha tenido
    una mañana pésima]. Calcula
que he ido allí para tener sexo rápido y se pone en
    disposición. Yo lo disuado, «quiero
estar contigo como si nos viésemos por primera vez».
    Él se aparta
[«eres patético»] y sus palabras crean la sensación
    [insípida] de que nunca ha existido
una pasión real entre nosotros. Me quedo en silencio
    y prosigue con los ataques, «el romanticismo es
perverso. ¿Cómo podéis ser tan egoístas que queréis
a las personas únicamente para vosotros?».
    «¿Te refieres a mí?». Se ofusca
[«siempre me has dado esa impresión»] y se tumba
    sobre la hierba con las manos bajo la nuca.
    Me pongo
a su lado. Me mira y recobra un brillo juvenil
    [irreflexivo], «discúlpame».

Este fin de semana fue a un concierto de Dean
    Wareham y Wareham tocó
los temas de su antiguo grupo, los Galaxie 500
    [«lloré hasta cuatro veces seguidas en el
    concierto»]. Del resto de la noche recuerda
solo «un continuum de alcohol, farlopa chunga y sexo
    urgente con desconocidos». Le paso
la mano por la cabeza [lleva el pelo muy corto],
    «me alegro de que encuentres desconocidos
    afines». Él me retira
la mano, «soy un cabrón. No intentes amarme
    de nuevo».

[Hace tanto calor que las piñas estallan sobre nuestras
    cabezas como cráneos en las piras].

Me abre la puerta de su casa con un gesto tan
    desagradable que no me atrevo
a traspasar el umbral [me quedo de pie con la botella
    de vino que le he traído balanceándose
    en la mano]. Finalmente, me invita a entrar.

La casa [la compró al jubilarse] es pequeña con
    ventanas azules de madera. El alud del atardecer
    penetra
hasta el medio de la sala, como si allí mismo
    se acabase el horizonte. Nos sentamos
en una mesa redonda [con espacio justo para dos
    personas] y descorcha
el vino. Se suelta, «la última vez que nos vimos dijiste
    que te había desilusionado.
Eso no se le dice ni a un perro, menos a quien
    te ha amado». «Si lo prefieres [hago
amago de levantarme], me voy». Se tensa, «no merece
    la pena. Voy a preparar
bonito con salsa de tomate. Llega para los dos».
    Mientras cocina, infusiona

unas hierbas [«estimulantes»] que le ha preparado
    un terapeuta reiki [acude
a él en momentos de astenia emocional]. Maniobra

con tal pericia en la realidad que sus ojos
    [por momentos] se vuelven
azules al contármelo.

Tras la cena [un bonito extraordinario] paseamos
    por el sendero que bordea
los acantilados. Me coge de la mano [lo hace con un
    gesto distraído] y siento la tranquilidad de quien
    recupera
una clave de acceso olvidada. Después, nos acostamos
    juntos [imposible dejarnos de amar
    en la incapacidad compartida para amarnos].
Presiona suavemente con su pecho mi espalda
    [me recuerda
a un cuerpo que respira boca abajo en la arena]
    y apoya su cuello en mi nuca, «deberías
reducir esa tendencia tuya a dejarte absorber
    por la gente y entregarte totalmente a ella».

V

El poema aparece cuando desapareces
en sus pasos [consumar lo que más amas].

I

F RAN DA UN RECITAL en Ourense y nos conocemos.
Lee sus poemas al lado de la escultura de Blanco
Amor y un vate de carnes abundantes se abre
paso entre los asistentes [«¿quién es este poeta tan
guapo? ¿Quién es? ¿Quién es? ¿Cómo se llama?»,
reclama excitado].

Formamos [en esa época] un grupo unido.
          Nos acabamos
de descubrir [un aluvión] y todos nos enamoramos
          de todos o todos pensamos
que somos maravillosos porque estamos juntos.

Fran adopta posturas de sensualidad
          [crea expectativas]. Si lo agarro
por la cintura, se tira hacia atrás [atrás, atrás, atrás]
          para ponerme
a prueba. Quiere saber hasta dónde soporto su cuerpo
          [la belleza] sin dejarlo caer.

III

[El sexo es un juego, el juego se practica como forma
de vida y la vida se escribe con el puño].

Se marcha a trabajar a Francia [Fran es un migrante]
    y bailamos la noche previa para olvidarlo. Bebemos,
hablamos de poesía, nos ponemos pelucas y besamos
    la oscuridad en un *after* del Ensanche. Luego
    esperamos
con gafas de sol el amanecer en el parque de Belvís.
    Es grandioso. El cielo se viste
de azul virginal [«como el cuerpo de la madre», dice él]
    y la ciudad traza
radiantes de estrellas [nunca volvemos a ser tan
    jóvenes].

Dos días antes de su muerte, voy a Bora [a la casa]
    y proyectamos
titular *Syntagma* su próximo libro. En él describirá
los procesos previos al verso [la geografía que ocupan]
y cómo el capitalismo triunfa con nuestros cuerpos
    [somos
material de transporte y de marca].

También le interesa analizar las relaciones del poeta
    con el poema y la irrupción [«inevitable»]
    del sujeto [quería
sacar al sujeto de la sobreexposición capitalista
    y de los mecanismos que le facilitan el ego].
    El libro llevará
el plano de una plaza en la cubierta y la sobrecubierta
    roja. En dos o tres meses [calcula]
acabará los poemas [«me siento mucho mejor»]
    y en navidades podría presentarlo en una librería.

Está convencido de que la muerte «tiene complejo
    de estrella» y siempre se asoma
antes de actuar [«odia pasar de incógnito»].
    De momento [aclara]

«aún no se me ha mostrado».

Me encuentro en la calle del Cardeal a Filipe Aira [el
    historiador de Monforte] y a Nieves
    [su compañera]. Ella se precipita
desde el fondo de la tierra [Gulfoss] y él se estremece
    aún [sobrecogido]
por el instante en que su padre [«sin presagio alguno»]
    se le murió
en los brazos. «Yo imaginaba que a mi lado no corría
    peligro, que mi amor era
más poderoso que la muerte y que si la muerte
    aparecía le diría *detente*
y no se atrevería a entrar. Pero ya ves… ¡Ni siquiera
    vi cómo la muerte se acercaba!».

«¿Qué ves, mamá? [pregunto]» y ella se queda
    en silencio.
Insisto, «¿qué ves?» y [por fin] contesta, «hijo mío,
    hay maíz por todas partes. Lo han puesto
por los corredores y por los caminos» [sus ojos son
    animales salvajes / la oropéndola / el tejón /
    la comadreja / el zorro].

I

«¡CHICA!», le digo cada vez que nos reencontramos en la Residencia y ella sale de un túnel, «¡chico! ¡Así que estabas aquí!».

II

La última vez que vamos a la playa es en Hío.
　　Ha perdido
el dominio físico [la braza le resulta imposible] y nada
boca arriba con un churro de natación en las axilas.
　　Yo la sostengo
para que el peso del culo no la hunda. «¿Has visto
　　ese azul?», pregunta
y señala una franja que recorre el perfil de Outeiro
　　Batente como si no formase parte
del cielo. «Nunca he visto un azul igual [digo]».

Ella frunce los labios, «no debe de ser azul, sino
　　bosque».

I

HABLEMOS de las revelaciones. Sé sincero: ¿crees en ellas?

Obviemos los ácidos [es fácil identificar
la clarividencia lisérgica con la adivinación]
y no valoremos tampoco otros estados alterados
    de conciencia.

¿Existen varios niveles de lo real o solo uno,
comprensible en la expresión mensurable, [somos
mamíferos que ven únicamente a la luz del día]?

Pero lo todavía oscuro, dime, ¿cómo lo vemos?

Muere Isaac, el hijo de Neneta. Cojo el coche

y hago los cien kilómetros entre Compostela y Cangas
  para llevarle el ramo que he cortado en el huerto.
Después del duelo en el tanatorio, Neneta y yo
  bebemos en su casa [abrimos
una botella de vino tras otra] y hablamos [ha quedado
  destrozada].

La conversación es caótica. Recordamos viejos
  amantes
y debatimos [sin tránsito] sobre razón e instinto.
Meses antes de morir Isaac, ella tuvo
el pálpito de que no había remedio [la quimioterapia
  sería inútil]
porque al despedirse miró el cuadro que él pintaba
  cada tarde y supo
que quedaría inacabado.
La misma percepción la sintió de niña,
cuando [un día, de repente] comprendió que morir
  era inevitable.
En una planicie de Perú percibió
entre el cuerpo tumbado de una mujer y las manos
  del chamán que lo sanaban
una masa movediza [opaca pero luminosa].
Años más tarde, junto al santo Babají de Benarés,

aprendió
a descifrar los mensajes que arden en la leña
    de los cadáveres.

«La muerte de una madre deja un hueco inmenso,
    pero la de un hijo es solo oscuridad» [lamenta].
De regreso a mi casa, pienso en la escuela de Neneta
    en Puri,
esas criaturas rescatadas de la muerte, del hambre
    y de la ignorancia.

[*Coro*: ¿Por qué nos has quitado tantos hijos
    de la boca?]

I

Podo el saúco [es marzo] y les llevo a las amigas en
la cena unas varas con forma de tridente.
Les advierto
que son mágicas y quedan encantadas. Las dejamos
a un lado y comenzamos a cenar.

Los últimos meses han sido un desastre *[bullying,*
censura, castigos, amenazas laborales] y desvío
el clima bélico de la conversación hacia la poesía
[ámbito de acogida], «hay poetas a los que no puedo
leer
sin pararme a respirar. O debo dejarlos para el día
siguiente». «¿Con quién te pasa? [se interesa
Inma]». «Con Reynaldo Arenas, por ejemplo. Me
golpea con su voz de marica [rebelde]. Arrastra
ante mis narices los cadáveres de todas las comadres
utópicas. Decía que era
poeta porque de niño comió tierra». Ana pide más vino,
«yo ya tenía en la infancia ansias de adivinar
las claves ocultas de los hechos fortuitos.
Del mismo modo en que [John] Nash leía mensajes
encriptados en las paredes, yo escribía

poemas en la oscuridad [a ciegas]». «Mi madre
　　[les explico] me sentía
llorar en su vientre». «¿En serio? [se sorprende
　　Inma]». Asiento, «era como el gemir
del erizo en primavera o como un río subterráneo.
　　Como si tuviese que tragar
grandes bocanadas de agua para dejarle espacio al
　　llanto. Esa experiencia, aseguraba ella, determinó
mi vocación poética». Inma abre más los ojos, «yo soy
　　poeta de otro modo, me expongo
a los límites sociales de la ciudad o, más bien, expongo
　　el cuerpo al límite de sus fuerzas. Registro
los huecos que crean las palabras. Una pronunciación
　　nunca es inútil».

En un momento dado, las varitas vienen a nuestras
        manos [no recordamos haberlas cogido]
y se agitan con su corteza perfumada mientras
        nos lanzamos sortilegios. Las risas salen
a borbotones. Nos caen lágrimas. Nos duelen
        los occipitales. Es imposible detenernos,
como si hubiéramos recobrado la inmensidad perdida
        y el cielo nos entrase en los bolsillos.

EN LAS ORILLAS DEL SARELA
[AZUL SANTIAGO]

I

SALGO A CAMINAR con Lupe y decidimos
[por turnos] el itinerario a seguir. La ciudad es
tan prodigiosa [tan accidental] y hemos vivido
    en tantas calles [a lo largo de los años] que todas
    las direcciones nos recuerdan
un regreso a casa. Cruzamos san Lourenzo hablando
    de la locura y bajamos
al río Sarela. En medio del puente, nos paramos a
    escuchar el ruido del agua [Nuria Vil].
    Nos sentimos
realmente felices. «Si ando, pienso mejor [dice ella]»
    y yo asiento,
«la poesía es un fenómeno físico. Pensamos con el
    cuerpo entero». En los agros
    de la Toxeira, el cielo se precipita

sobre el verde de los campos. Las torres de la catedral
    resultan más esbeltas de lo que nunca
    las habíamos visto. Han salido
estrellas vespertinas y emerge [fugaz] un azul que

se transforma
con rapidez en blanco saturado, amarillo brillante
     y naranja. «El azul en Compostela siempre está
     yendo
hacia otro color», dice ella y yo sugiero que el tránsito es
     es

la forma visible de la eternidad.

Recupero una foto de mi madre a los quince años.
    Sus ojos son
represas en el río [agua umbría bajo alisos]
    y su belleza resulta
anómala [demasiado serena para la edad].
    De adolescente, fui exacto a ella [luego tiré
más a mi padre] y ella era calcada a su madre hasta
    que le apuntaron
del padre las orejas, la nariz ganchuda y la frente
    avanzada.

Rasgos antes intangibles en el carácter y en su rostro
    resultan
ahora claros. De la rama materna de los Reques
    heredó
la vesania humorística y de los Moletes paternos
    las mejillas rosadas.

[En cada postura muestra los cuerpos que la
    precedieron y los cuerpos que la sucederán].

III

El significado es una cinta que avanza.

I

E N UNA de las evaluaciones periódicas que le
hacen a mamá en geriatría me acompaña Xohán.
Trabajó
en la sanidad y su presencia me tranquiliza. Mamá
entra
en la consulta tirándose de los pelos y en bucle
de ecolalia, encogida como una oruga [es obvio
que tiene
miedo]. La médico no la toca. Tampoco le habla. No la
ausculta. Apenas la mira. Escucha
lo que le cuento [su mascarilla me impide saber si
presta atención] y emite un diagnóstico sin que se
lo pida, «esta mujer está terminal». No considera

que mi madre la pueda escuchar ni el impacto que
sus palabras podrían causarle
[es joven, ha aprendido a prescindir del contacto
humano y está acostumbrada a cumplir
con los tiempos de la administración]. Por si no
la entendemos bien, nos describe
las distintas manifestaciones mortuorias que aprecia
[usa

una hermenéutica propia de la persona sublime],
     «sarcopenia severa. Apraxia. Anoxia. Ha perdido
la autonomía psíquica». Xohán interviene, «no padece
depresión. Nos reconoce y articula discursos lúcidos».
     «¿Es usted geriatra? [pregunta
la doctora]». «Fui médico de familia». «Ese es otro
     mundo. Aquí lidiamos
con enfermos sin expectativas. A ella le quedan, como
     máximo, nueve meses». Cruza
los brazos y se apoya en la mesa, «a lo mejor soy algo
     brusca».

De vuelta a la Residencia [en el coche], mi madre
    me anuncia
que está embarazada [«no se lo cuentes a nadie,
    por favor»]. Adopto
un tono cómplice [«¿a tu edad?»] y ella se encoge
de hombros [«a mí también me ha extrañado»].
    Se encontraba
mal y fue al médico. «Él temía lo peor [me explica],
pero el resultado de los análisis fue claro. No es
    cáncer. Voy a ser madre». La miro
por el rabillo del ojo [«¿no temes que me ponga
celoso? Soy tu hijo pequeño»] y ella, por primera vez
    en semanas, sonríe
«no entiendes nada. Te estoy contando cómo me he
    quedado embarazada de ti».

P ENSÉ que ninguno de los dos sobreviviría a la
separación
y los dos [realmente] padecimos estados emocionales
graves,
pero nunca dejamos de vernos.

De Braga volvemos por la carretera de O Xurés.
La sequía
ha vaciado el embalse de Lindoso y reaparece
Aceredo al fondo del valle del Limia, con la morfología
casi intacta.
En nuestra primera visita a la aldea [1997], hacía
cinco años que habían terminado el embalse.
Empezaron a llenarlo
con la gente todavía dentro de las casas [exigían que
se las pagasen antes de abandonarlas] y los atrapó
la crecida de una tormenta [«nunca vista», decían].
El agua se elevó de repente. Entraba
por debajo de las puertas y avanzaba por la cocina
[los viejos arrastraban
con gesto enajenado sus fardos de ropa entre
las aliagas].

Visitamos las ruinas al mediodía. Están llenas
de turistas a pesar de ser martes.

Una familia almuerza en el área de recreo próxima
    al pantalán varado.
Los grupos de chavales fuman en los tejados que
    resistieron a la inundación. Algunas ventanas
    mantienen
los cristales intactos [todas las casas son bultos
    saliendo
de la niebla, como en una película de John
    Carpenter, o unos hologramas de Alepo].

Caminamos entre paredes que sostienen toneladas
    de producción eléctrica [presión
    de profundidad]
y entramos en los hornos de pan [los vecinos
    declararon
su disgusto por las injerencias de los visitantes
    en la memoria de su intimidad]. Nos detenemos
en la plataforma desde la que volcaban el cemento
    de la *barragem*.
Está a la entrada de la aldea, como los tanatorios.

Todos vieron fabricarse durante meses el cofre
    de Tutankamon.

Paseamos sobre un barro de envoltura consistente
    que cubre
la vieja carretera como una superficie elástica
    [fluctúa por dentro]. En una curva subsiste

un depósito arqueológico de los años noventa [envases
      y marcas de una historia colectiva]. Hay
botellines de cerveza, botellas de vino, pilas, pequeñas
      botellas de plástico para vinagre, envases de
      lejía, de aceite, tubos de pasta dentífrica, ollas
      rojas, botes de pintura, restos de alfombras de
      baño, latas de fabada asturiana, botes amarillos
      y redondos de Cola-Cao, chinelas, botas de
      media caña, zapatos, cubas, garrafones, bolsas de
      plástico en colores accesorios.

El río Atornados ha recuperado su cauce entre
      molinos y cercas de piedra derruidas,
pero lo más sorprendente es que la fuente sigue
      manando
en el centro de la aldea [incluso bajo el nivel del agua].

VERDADERO AZUL
[COUREL]

I

T RASLADAN los huesos de Uxío Novoneyra
   a O Courel y me reencuentro
con Elba en la plaza de Parada. Me abraza [«lástima
   que no hayas llegado
antes. Acabamos de enterrarlo»] y me conduce
al panteón en el huerto. Han elevado la losa sobre
   rosales y los obreros miden
las distancias con un metro plegable [no resulta
   fácil crear un efecto de flotación entre ambos].
   También esparcen
fertilizante para que los rosales prendan antes.
   Uxío y Arturo [los hijos] puntualizan
que el panteón no es solo para la estirpe, «también
   vosotros os podéis enterrar aquí».

Es 14 de enero y el bosque está desnudo como si
    acabase
de nacer [nunca tendrá una mirada tan larga].
    Elba se sentía
indecisa [prefería que los restos de su marido se
    quedasen en Lugo con los huesos de los Rey]
    pero Branca [la hija] la convenció
de que el lugar es aquí [«Uxío no regresa, somos
    nosotros los que volvemos», les digo].

III

En la comida [guiso de pollo, empanada, queso y pan
    de Pedrafita] Elba respira entrecortadamente,
«los antepasados nos protegen con sus gestos, aunque
    sus gestos ya no nos representen».

El cielo se curva en azul sobre la sierra de la Escrita
      y a Elba no le parece tanto azul como malva.
      «En O Courel [le digo]
el azul solo se da si miras al oeste» y ella concede
      que Uxío miraba hacia a Tor para ver
el azul verdadero. «¿Tú crees [le pregunto] que
      el verdadero azul existe?». Ella se desconcierta

«¿pero no lo estabas viendo?».

I

« N O TENGAS MIEDO, hijo mío», dice mi madre
mientras me conduce
por el crepúsculo. Lleva los ojos cerrados, pero puede
ver en la oscuridad y distinguir
las hierbas aromáticas, que recoge mientras avanza
por el bosque. Las guarda
en un bolsillo del delantal [me doy cuenta de que es
un delantal y no una bata, como pensaba
al principio]. Tararea
canciones de su juventud [intuyo que para espantar
el miedo] y me aprieta
la mano, «siempre le tememos a la muerte, aunque
la queramos».

Corro hacia un hombre que parece esperarme [nunca
    he amado
a nadie como en este instante]. Lo beso. Me abraza.
Tiene las manos grandes. Apoyo la cabeza en su
    hombro y descubro
a una mujer comiendo a nuestro lado [mi madre
    desconfía
del hombre, «metes a cualquiera en nuestra casa»].
    Agarro
al hombre y a la mujer por el pelo [lo tienen
rizado] y los arrastro a la calle [hasta entonces
    pensaba que estaba
en un bosque]. Él [desde fuera] me introduce en el
    bolsillo
dos cubos de metal que se repelen y colisionan
de mutuo magnetismo, «así palpitará
eternamente mi corazón por ti».

Mi madre me vuelve a coger de la mano y apura
    el paso. Quiere llegar a casa antes de que se
    marchen
sus hermanos a la siega. La aldea aparece [finalmente]
    tras un monte pedregoso sin vegetación. Señala
la casa [al fondo de la aldea] y sonríe,
«no cuentan conmigo. *Ahí viene la que había muerto,*
    dirán. *Aún vive*».

ANEXO

DIARIOS [1]
AZUL MONFORTE
Antón Lopo

[Poemario en gallego]

AS IT BEGAN [I] En ningún momento pensei que era imposible, / nin sequera cando regresei de Lome [nunha revolta militar] con crises nerviosas. // Que viaxe quería facer [por infames estradas ou desertos sen estradas] / se ía andando ao bosque e me tocaban as árbores [sentíaas]? **[II]** Jordi Esteva publica as súas memorias [quedo atrapado nelas]. // Comezan de neno, cando esculca no cosmos as pegadas de Laika / [a cadela astronauta] / e vIaxa á aldea da avoa nas ribeiras do Congost. / Continúan en Calella de Palafrugell [coincidía con Victoria de / los Ángeles ou Alicia de Larrocha] e expándese / na illa de Wight [The Doors, Jimmi Hendrix, The Who, Miles Davis, Joni Mitchell ou Emerson Lake and Palmer: *A música! Ou A música!*]. // Logo vén unha travesía iniciática en Land-Rover ata a India en 1973. Nehru creara / un estilo engaiolante [malabares soviéticos e mercado libre de vaidades], mentres Georges Harrison / redescubría as bondades dos Hare Krishna e Goa reunía / ao máis selecto dos filósofos químicos. Pero a experiencia decepcionouno / [Caxemira lembráballe a opresión de pobos sen estado, como Sudán do Sur ou Catalunya]. A cambio, infectouno / de nomadismo [Bruce Chatwin, Lawrence de Arabia, Richard Burton, homosexuais errantes]. Nos desertos descubriu / unha metáfora do desexo e retratou os oasis de Exipto en branco e negro [como Bernard Plossu pero con libido]. // Eu cheguei á India por azar [tiña 33 anos]. Acababa de cruzar África en camión / e enredeime nas fantasías dun traficante de pedras preciosas hindustanas. / Merquei un billete de British Airways, cando as azafatas de British Airways poñian / aínda dúas botellas de viño na bandexa da cea, e espertei / no marasmo humano de Mumbai. Engaioloume a liberdade do caos [baixaba os ollos para non confundirme]. *Houbo un tempo en que non existían seres vivos, pois o que hoxe chamariamos animais eran deuses.* **[III]** Desde o máis alá [pero en caracteres lexibles] Rafael Chirbes publica os seus diarios. / El e Esteva lévanse tres anos [1948/1951]. Comparten a época e unha atracción irresistible / polas persoas do seu mesmo sexo. // Viaxaron moito e consumiron moito [cada un da súa substancia]. / Chirbes retratou a pulsión sexual con violencia explícita [estremece a soidade desa violencia] / e cualifica o idioma materno [o valenciano] de experiencia traumática [sentíase expatriado]. //As súas visións políticas son dispares [Esteva flúe nas ideoloxías da contracultura e Chirbes militou no comunismo], / pero viaxan en paralelo. Asombra / o coidado de Chirbes no detalle das novelas, películas e concertos aos que asistiu. Anota / o que pensa de cada obra e sinala as súas técnicas. Le incansable / e, por momentos, ao ler, fáiselle / un nó na gorxa [está tocado]. Emprégase / a fondo no obxectivo [sublime] de ser escritor. Cando o logra [cando recoñecen / unanimemente que a súa escrita tamén provoca nós na gorxa] detéctanlle / un tumor no pulmón [morre como se o roubasen]. «O que me excita / e o que me degrada [escribiu] van en min da man». // Eu quería escribir o que non se escribe [o invisible]. Darlle corpo ao que non existía [*write-me-on*]. **[IV]** Así comeza o poema. **AZUL MONFORTE** Desde mediados de agosto, mamá pasaba o día na ventá sinalando / o ceo. «O que vedes [dicía] é o Azul Monforte». Por suposto, non era / un ceo ameazador senón un ceo máis ben profundo. «Ningún fío reflicte / a profundidade do Azul Monforte [dicía mamá, experta urdidora de bordados]». Había / fíos no nobelo que se parecían ao azul do agosto en Monforte pero incluso os dunha aparencia idéntica, acababan / perdendo o ton previsto ao bordalos. // Nas poucas viaxes que faciamos entón, visitabamos / os familiares que emigraran e camiñabamos con eles polas cidades. / Mamá parábase nas mercerías e exploraba os expositores de fíos. En Barcelona, onde vivía / un irmán seu, entramos nunha tenda cun andel ocupado / polas gamas do azul. Buscamos máis dunha hora. Mamá insistía / en que algún daqueles carretes debería encaixar / na profundidade que vía ao pechar os ollos [como se por eles se asomase / á ventá]. Había unha diferenza tan leve nos tons que dubidou / entre catro carretes. Cada vez que os miraba, cambiaba / de opinión sobre cal tiña a cor adecuada. «Estou segura de que ningún deles vale [dixo]» / pero mercou dous e ao volver á nosa casa comprobou que [efectivamente] non valían. // Probou co óleo por indicacións dunha amiga que seguira clases de pintura na parroquia. Mesturou / en escrupulosas proporcións as cores brancas e as azuis con outras de emulsión e pintou / centos de paisaxes tropicais, nórdicas, sabanas, montañas e tundras. Cría / que o Azul Monforte podía aplicarse a calquera latitude, ser recoñecido de maneira inequívoca e non alterar / a natureza da paisaxe orixinal, aínda que nunca logrou demostrar a hipótese nin dar / coa apócema cromática. Pero cada ano o Azul Monforte reaparecía no ceo de agosto. Anunciábase // meses antes, en abril translúcido de cobalto con alustros rosas ao atardecer polo frío. Logo, en maio, collía / o corpo azurita e en xuño irisaba, cada vez máis íntimo e mol, elástico na sensación dun matizado irreal, pois era / tan azul no cénit como nos bordos [en todos os seus bordos]. Para finais de xullo intuíase / o intre e a primeiros de agosto compactaba. / Non duraba máis de vinte días. En setembro, íase disolvendo ou entraba [como dicía mamá] / en aliaxe. Asomábase / á ventá e eu acompañábaa excitado. Daba a impresión de / que estaba / a punto de tirarme de cabeza a un estado descoñecido da auga, nin material, nin volátil. Talvez o éter. **NON ERA CONSCIENTE DO QUE SE AVECIÑABA [I]** A situación faise insostible e a miña nai entra nunha Residencia. no último mes de xestación [cando saben / que todo está a punto de concluír]. Logo, deito naquela casa baleira e sintom / que o parto se adianta. Veñen as contraccións e a dilatación é maior que o corpo. A dor medra [como podedes imaxinar] / ata o insoportable. Levo nove anos inventando / a supervivencia dunha muller desafiuzada e pregúntome se ten sentido algo do que fixen. / Evoco as excursións á costa para que nadase, os paseos polo río para escoitar / o canto dos merlos e as festas familiares onde fomos / figuras imprescindibles [«es o meu paxe», dicía ela en clave cortés]. Todo ese tempo de sacrifico e felicidade [penso] / conclúe nun malparto. **[II]** Paso unhas semanas escribindo e facendo pequenas viaxes. Vexo / xente á que non visitara por falta de tempo e trato de recuperar / en longas andainas o peso ideal da miña xuventude. / Tampouco é que me encontre máis libre nin que descanse máisou que me sinta aliviado. // A percepción do tempo, entre cada visita que lle fago á Residencia, dilátase / ao estilo das longas viaxes, cando as referencias se translocan / e o corpo se estende nas cronoloxías dunha superficie rodante. / Transcorre só unha semana e nesa semana afástome / tanto de min que a distancia densifica a memoria e a semana se converte / nun período demasiado extenso para non regresar onda ela. / Se aínda hai vida, hai tamén dor e sufrimento, amor e medo, perplexidade e revelación. Como suspender / a consciencia que nos une mentres aínda nos recoñecemos? //Eu non esquecera a nosa viaxe a Madrid. Meteume / nunha pensión lúgubre e encollinme no abrigo. Abastou que a mirase e sacoume de alí / [non tiven que dicirlle nada]. Tamén lembraba que ao volver unha fin de semana da universidade [tiña / vinte anos] me levou á cociña co meu pai e dixo que debía buscar vida propia, pois «esta que fas / non a comprendemos e tampouco cha podemos pagar». //Eu si comprendo o seu pánico cando a muller da Residencia selle agarra / á cadeira de rodas e comeza a berrar polo fillo [que se despide / desde a porta]. Chámao *Señor* e na confusión hai / mananciais de desexo. O fillo non sabe onde meterse [quere fuxir] e ela ségueo chamando // [términos obscenos, insultos]. Nós os dous quedamos / xuntos [bícoa]. Dime, «dáme outro. Que ben me sentan!». Usa o meu nome [o nome que só ela usa]. **OBITUARIO [I]** Morre Wilson [Edward Osborne Wilson] e os xornais recólleno en informacións con foto pero non lle dan / a portada [malia ser un científico que transformou a visión da nosa especie]. // En 1975 [aos 45 anos] sentou as bases da sociobioloxía e relacionou / o ser humano co resto dos animais sociais [formigas, lobos, abellas, golfiños ou pegas]. Como era / un experimentado mirmecólogo, fixo das formigas o centro das súas teses [posuía unha extraordinaria visión holística]. / Souben de Wilson por *Homosexuality: A philosofical inquiry*, un ensaio de Michael Ruse que me conduciu / a el e á concepción altruísta da homosexualidade [*a cambio de liberdade, o/a homosexual regálalles aos irmáns*

154

a súa parte de reprodución] **[II]** Kar-Lah-Khan, princesa da República India Nómade [facción Euskadi, indepedentista e desconfiado / de todo o español] non lera a Wilson nin a Ruse pero cría / que as nais educan un fillo [xeralmente un home] para que lles sexa / «útil» a ela e ao resto dos irmáns [utilizaba útil no sentido de altruísmo]. // No bordo dun *cliff* malabar [con palmeiras arredor e nunmomento meditativo] Kar-Lah-Khan tamén asegurou / que as nais [verdadeiras] aman o fillo asasino máis que ao fillo suicida. **[III]** O derradeiro artigo de Wilson créame dúbidas. / Escribiuno para arrepentirse ou é un testamento cínico? / Despois de colocar as formigas no centro do modelo social, declara / que os humanos non deben emular nada delas [dubidárao / algunha vez?] porque todas «as formigas involucradas na súa sociedade son / femias [subliña]» e os machos «acabaron en simples mísiles de esperma». / Ademais [engade] mandan as anciás á guerra ou trasládanas / a un vertedoiro de lixo. Ás veces cómenas, / non tanto polo apetito como pola proximidade da súa morte, que / resulta [ao dicir de Wilson] repugnante para o formigueiro. **[IV]** Ao ano de morrer papá, o meu irmán lembroulle / á miña nai que a casa onde vivía era súa [mercáraa / nunha cambadela a prezo vantaxoso]. Logo comunicoulle / que se instalaría alí coa súa muller. Mamá mirou / pola ventá a horta [corenta anos de terra removida / coas mans na horta] e falou dos cucos [«este abril non os oín cantar»]. / Reflexionou en alto [«alugarei un piso nalgún edificio próximo»] e o fillo aclaroulle / [«para evitar malentendidos»] que non pretendía botala [«queremos reservarche //na casa un cuarto»]. Ela non tardou / en facer o traslado. O meu irmán nin a axudou a recoller. Examinaba / só como o home da mudanza embalaba as cousas e as metía na camioneta. Ao cabo queixouse / de que levaba demasiados vultos [«a casa, mamá, parece deshabitada»]. **MEDUSA** Gaspard Ulliel esquía na pista de La Rosière e choca / con outro esquiador. Non recupera a consciencia. Dos homes máis fermosos da historia, el ocupa / o terceiro posto [tras Alexandro Magno na pel de Colin Farrell e Álvaro da Flor], con esa inquietante cicatriz na cara que lle deixou /a mordedura dun can. // O desamparo de Ulliel [a tenrura] era conmovedor en *Juste la fin du monde*, / o filme de [Xavier] Dolan no que interpreta a Louis, un homosexual extorsionado pola súa familia. / Regresa a casa tras unha longa ausencia para despedirse [padece / unha enfermidade incurable] pero todos están demasiado ocupados / nas súas vidas e non lle dan oportunidade de falar [en realidade, nin se deran conta / de que levaba tanto tempo fóra]. O seu irmán [o maior] chega a actitudes violentas. // Tamén eu teño un irmán maltratador [covarde]. Á nosa irmá [cinco anos menor ca el] humillábaa / ao quedaren sós. Comigo [dezasete anos máis novo] desenvolveu / un completo catálogo de torturas, case todas relacionadas / coa súa aptitude para provocar dor e unha confianza ilimitada no poder persuasivo dos cartos. / O que máis lle gustaba era verme chorar. Se mamá saía, zoscábame / ou rompíame os xoguetes. Eu estouraba en prantos inconsolables [infantís] e el escachaba / co riso. Pero incluso diante dos pais, sentía a necesidade de mancarme. Iso obrigábao / a exercitar a mente e a buscar estratexias compatibles entre o seu pracer e a ameaza da reprobación paterna. / Unha mañá de brétema na que chegou cedo de traballar, / intentou arrastrame fóra da cociña, onde mamá preparaba / o caldo. Eu resistinme. El estaba tan apremado polo desexo que me prometeu / unha peseta se choraba. Pedinlle un tempo e metinme / entre a roupa que se secaba na bilbaína [pendurada dun cordel]. Emitín / un son semellante ao do pranto e logo [con disimulo] untei / en cuspe o ángulo dos lacrimais. Deixei que o cuspe esvarase / pola pálpebra inferior. «Así é suficiente? [díxenlle]» / e el estourou nunha munición de gargalladas, «ves iso mamá? Chora por unha peseta!». / «Pois agora teslla que dar [reclamoulle ela]» e / deuma. Sequei o cuspe coa manga do xersei e refucinme, / «non son bágoas. É cuspe» [a lingua sempre é / cuspe]. Mamá burlouse, «é máis listo ca ti». // Jhonier, o irmán maior de Mauricio Leal, padecía / un cainismo severo. Durante meses planificou como quedar / coa fortuna do seu irmán, un famoso perruqueiro de Colombia.O problema non era / só eliminalo a el senón desfacerse da nai, a herdeira legal. Aofinal, asasinounos /

xuntos [apareceron na mesma cama, como se mantivesen / lazos mórbidos]. Antes de degolalos, / esixiulle escribir a Mauricio unha nota onde se desculpaba / por matar á nai e suicidarse. / No escrito indicaba tamén que lle legaba as súas pertenzas ao irmán maior. // As tácticas dos primoxénitos son asombrosas para exercer / os dereitos sucesorios [a cabeza da liñaxe é Medusa]. **A TERCEIRA NAI** Durante a infancia crin que tiña tres nais e sentinme o neno máis afortunado do mundo. A miña segunda nai vivía / na casa do lado [portal con portal]. Era viúva, perdera dous fillos e padecía / orfandade de sucesión. Ela adoptoume como terapia e eu aprendín a amala / como ás verdadeiras nais [peiteábaa, gustábame o seu colo, dáballe carexas]. // Nun baúl [no seu cuarto], agachaba os recordos dos fillos que me precederan [unha nena e un neno]. Gardaba / zapatos coa derradeira lama que os zapatos pisaran, / a derradeira roupa do día derradeiro, fotos e algunha alfaia [pequenas medallas de ouro e aneis con zafiros de imitación]. Cando colleu / confianzas comigo, abriume o baúl [precioso por dentro, con forro de papel floral en escala de azuis] e estendeu / sobre a cama as fotos onde a roupa e as alfaias aparecían / nos seus propietarios. Instoume a poñer a roupa e obedecín, pero só o vestido da rapaza parecía / do meu talle [iluminábame o rostro]. A segunda nai apertoume forte [moi forte] e rozoume / cos labios maternais as meixelas [suaves]. Es a miña nena [dixo]. //A miña. **QUERIDO EDUARDO** [I] Nunha sesión de ioga Nidra aparéceseme [Ernesto] Guerra da Cal. Quere / unha compensación. Se non económica // [fala como un poeta] si reparadora, sexa / en forma de poema escrito ou de materialidade poética [cre / que pode haber poesía inmaterial]. Non me odia / [porque non me coñece] pero incomódao que escriba / sobre el e Lorca, relacionándoos [ao parecer] / dunha maneira erótica que *nunca existiu*. //Tardo en enfocar a súa cara [as bafaradas da *maia* enganosa golpéanme o cerebro] e confúndoo / [sucesivamente] con Bouza Brey, con Cunqueiro, con Álvarez Blázquez e Fernández del Riego. El oféndese / [«nótase que non es reintegracionista. Son Guerra da Cal!»]. / Descúlpome [«lembrábate máis delgado»] e el disimula [«renunciei a crer na bondade humana»]. Deixou de ser / o rapaz de labios insolentes que vivía en Madrid e converteuse / nun exiliado que ensina español en Estados Unidos. «Interésome / só polo puramente imaxinativo e agradable [di], polo irreal e ilusorio. Síntome // pesimista fervorosamente». [II] Non repararía en Guerra da Cal se non fose / por unhas cartas [1931-1948] que [Ramón] Suárez Picallo lle escribiu a [Eduardo] Blanco Amor. Nelas parece / un ser distante [enigmático] que se relacionaba con Lorca, Serafín Ferro, Cernuda, Aleixandre e Euxenio Montes. Parecía / un formento comunitario [como o que portaban entón de casa en casa para levedar / o pan]. A sensación acentúase ao ler outra correspondencia [a del co propio Blanco Amor] onde escribe / que «Serafín Ferro morrerá como viviu [poeticamente]» e que Picallo probou / «as ledicias do ébano en Santo Domingo». A pesar da sorpresa [en Galicia non había / testemuños homoeróticos a esa altura] resultábame difícil discernir/ nel unha personalidade inequívoca. Ata que vexo / os orixinais dos *Seis poemas galegos* e todos [agás un] teñen a súa letra. Os filólogos opinaban / que Lorca e mais el escribían xuntos [na dilatación dunha experiencia erótica] e Blanco Amor non deixaba / dúbidas [«eran amantes»]. «Que trapallada é esa? [protesta Da Cal]. Limiteime / a actuar de tradutor. Buscaba as palabras en galego que máis o impresionasen / e Lorca elixía as que lle saían dos seus collóns líricos». [III] Guerra da Cal levanta os brazos en sinal violento. Intento / calmalo [«hai distintas formas de amor. A pulsión homoerótica non ten que ser / sexual»] e enfurécese máis [«gústanme as mulleres. Casei. Tiven un fillo»]. // «Daquela, que queres? [pregúntolle]. «Escribe aí: *Lorca non foi amante de Guerra da Cal*». «Acabo de escribilo. Xa está. Contento?». / «Nin contento nin desgustado. Simplemente é a verdade». / «A mesma que impulsou a Lorca na *Oda a Walt Withman* [homófoba e ridícula] / ou a que impediu a Blanco Amor reivindicarse nunha soa liña das súas novelas?». Da Cal sostén // o aire nos pulmóns [*un, dous, tres, catro*] e exhala, «todos mentimos demasiado sobre a

Verdade // non cres?». **[IV]** As vexacións [os insultos] comezaron aos doce anos. / Todos estabamos medrando e os meus compañeiros decatáronse / de que non medraba coma eles. Deixaran / de gustarnos as mesmas cousas e cambiaran as nosas percepcións emocionais. // Angustiábame, sobre todo, volver á clase tras o recreo. Subiamos / en enxurrada polas escaleiras e insultábanme desde os pisos superiores. Eu pegábame / á parede e sempre había alguén na multitude [non me daba / tempo a verlle a cara] que me golpeaba. / Dábanme no estómago e quedaba [momentaneamente] sen respiración. O máis asfixiante, porén, era // aquela multitude evitando mirarme. **AUTOLÍTICA [I]** Mamá tírase da cadeira de rodas e un TAC revela / coágulos e hematomas na cabeza. Incomunícana nun cuarto ao que se entra / con EPI, gorro, máscara e luvas [tamén lle detectaron covid]. Ela berra / [continuamente] como se a estivesen estrangulando pero aínda así, conserva / a personalidade intacta. «Córtame a man, cariño [di] e bótalla ao caldo». **[II]** Miramos xuntos pola gran fiestra hermética do hospital pero ela só ve a luz [os nimbos] e descríbolle / o que non ve [os tellados de lousa e as grúas da cidade, a lavandeira peteirando a herba, o módulo dos presidiarios e o merlo nun liquidámbar]. «Quen escoita / o merlo [farfalla ela na fragmentación cerebral] ve un novo amencer». **[III]** A xeriatra é pesimista [«non pensaron en sedala?»] e realmente ela abandona / o hospital como se estivese no estertor da vida. Non come. / Non mantén conversas. Non abre os ollos. Oe peor. Dóenlle / os ósos e as pernas quédanlle tan delgadas que semellan / patas de cegoña. Sácoa quince días da Residencia [sempre creo que podo salvala] / e ela pasa [neses quince días] por estados distintos de ánimo. Ás veces recobra / a capacidade de diálogo e practicamos xogos de realid de convencional. Dígolle que perdeu «definitivamente a cabeza» e pon / cara de perplexidade, «que eu saiba, teño a mesma cabeza. Se acaso, perdería o senso». **[IV]** Nos momentos de axitación, debo forcexar con ela [intenta autolesionarse] / e ela anímame, «pégame forte, fillo. Merézoo». **CORRESPONDENCIA [I]** Retira os guedellos da cara [cun xesto moi seu]. Está / confuso. A súa nai morreu o 18 de xullo e a data resúltalle equívoca [tende á cábala]. // Ciclicamente cae en estados de contradición [é marxista] pero desta vez resulta / diferente. Á tensión habitual entre a ansia e a destreza [o pracer], engádese / a desaparición da nai. Estaba soa e encontrárona / tirada no chan. Ao mellor levaba alí horas [a idea resúltalle insoportable]. //Pasaron seis meses e aínda non o ve. «Como é posible que non quede nada?». **[II]** Camiñaba diante de min como un deus elefante [ría de maneira apaixonada] e souben / que habería algo entre nós. Ás poucas semanas, coincidimos / na asemblea do 42 [Rúa do Franco] e descubrín que estabamos / na mesma célula. Houbo discusións teóricas [o subcomandante Marcos levantárase / en Chiapas] e falamos tamén de ximnasios. Defendín [en solitario] a Michael Sambello e el escoitoume / asomado a un precipicio. Estirou a man sobre a mesa, pediume que lla collese / e mirou ao fondo, «es como se vise a miña nai». // Cando nos abrazamos [moito despois, unha noite de agosto] sentín / a carga esférica no ventre. **O BICO [I]** Ninguén lle fala na Residencia [realmente] aínda que lle fagan preguntas e se ocupen / de mantela en condicións óptimas de aseo e manutención. / Ela sobreponse ás circunstancias inventando viaxes [«van pensar que son unha festeira!»] e só lles reclama / ás auxiliares viño e un coitelo para bullar patacas [a folla comesta adáptase mellor ás formas do bulbo]. // Esqueceu a exactitude das secrecións, do tempo e da morte. É / como unha mina a ceo aberto que cambiou o perfil da montaña pero conserva / a orientación da veta. **[II]** Tarda en recoñecerme cando a visito [distingue / só vultos] e envurulla a conversa para gañar tempo [non ten claro se son / eu, o meu pai ou un home de Bascós]. O seu discurso presenta / demasiadas contradicións [é consciente diso] e pons // á defensiva. Abrázoa [case a manco] e doulle / un bico. Ela reencóntrase. **[III]** O traballo é arduo. Ao apontoar a súa memoria tamén se me aveñen / afectos esquecidos, sucesos extraviados na xénese cerebral ou recordos que non tiña / ata este instante [recupero mesmo os alustros dun pracer que compartimos /

cando existiamos xuntos]. **[IV]** O meu pai alimentaba día e noite o lume coas mans. Cruzaba / coas mans as serras [incandescentes a 900 graos] e regresaba / das serras cheirando a chamizo, coa muíña tinguíndolle / o mahón e unha cesta chea de whasingtonas na man. «Estas laranxas só as comen / en Londres e en París [dicíalle a mamá]. Agora para vós» e eu escoitábao no corpo a través dela. **A DISTANCIA [I]** Fala cos ollos pechos. / Di que así ve mellor. **[II]** [O pasado non pasou / o pasado está por pasar.] **[III]** [Chamei por todos e non contestaron / porque non había ninguén. E non había / ninguén porque estaba nunha casa diferente / á casa onde lembraba estar.] **[IV]** [Ás veces lembro o que non sucede.] **[V]** [Lembro que non podía moverme na cama. Lembro que, despois, a cama se abriu / polo medio e non me podía levantar. Pero tamén lembro / que estaba na casa onde me criei e chamaba / por persoas que non existían. // As persoas polas que podo chamar xa non existen.] **[VI]** [O único que podo lembrar é o que soño. / Da realidade non lembro nada.] **A LINGUA DOS REQUES [I]** Observo o espazo que me rodea e recoñezo nel a miña casa, aínda que avanzo cara á cociña e sinto [de repente] / que a verdadeira casa é onde nacín [a casa da miña nai] e que nunca poderei volver / [observo con estrañeza os libros, os cadros e os recordos metidos en caixas transparentes]. / Tamén mamá quere volver sempre a casa. Pídeme nas visitas que lle fago. Pero a casa á que quere volver / non é a súa [a casa onde nacín eu], nin a casa dos seus pais senón a casa onde se criou [a Reitoral do Igrexario]. / A súa memoria semella unha camelia que perde / os pétalos en espiral e amosa os estames. Non sabe a idade que ten [se lla digo enfádase, «esaxeras!»] / pero lembra [«perfectamente»] o día no que aprendeu a andar polo corredor da Reitoral. // Permanecen intactas na súa lingua as palabras dos seus pais, as do tío Avelino do Reque e as da señora María do Pichá [que a instruía / no monte coas vacas]. As palabras dos Xarifas, as dos Rapelos e as dos veciños da redonda. Aparece / cada día unha palabra que onte non existía e éstraa / pola roupa [o sostén, as bragas, a faixa, o xersei, os pantalóns, a bata, os calcetíns, a pasmina...] / Palabras que eu non lograría imaxinar se ela non as pronunciase. **[II]** O tío Avelino do Reque falaba coa punta da lingua na físgoa dos labios, como se o idioma fose / un sostido apicoalveolar. «Veredes, queridos sobriños», dicía il a par da bilbaína e os sobriños [conta mamá] xa botaban a rir, / excitados polo cordel imprevisible das súas aventuras. Cando se enfadou / coa súa muller [a tía Pilaras] meteu a roupa nunha maleta e marchou / da casa. A tía Pilaras saíulle polo corredor e apalpouse. Berráballe «ladrón, malbecho, xa volverás! / sto hate traer á casa]. *E crédeme, queridos sobriños, foi vela alí, no corredor, apalpándose, / que o corazón me deu latigaso. Dei a volta e caín aos seus pés: Pilaras, todo o que teño é teu.* **GANXES [I]** Remontamos o río ata o lugar onde Kar-Lah-Khan determinou / que botásemos as súas cinsas [deixou elixida a barca e adiantoulle o pago / ao barqueiro, un home duns vintecinco anos e certo estrabismo no que cae tivo / encontros esporádicos]. Non podería queixarse. Ao final, reuniu / nun extremo do mundo [Benarés] a todas as persoas que a amamos, / ben na súa etapa de empregado de banco ou na de princesa nómade. // Antes de que lle diagnosticasen o cancro ou tivese síntomas, adiviñou que non tardaría / en morrer. Comentouno na nosa derradeira viaxe á India [hai oito meses], nunha das longas sobremesas do almorzo, mentres fumabamos / xillums en compaña de viaxeiros encantadores que ela atraía / con charas exquisito e beleza andróxina. «Cambioume o carácter [dixo] / e nin sequera me pican os mosquitos, a min, que era un manxar de doce que teño / o sangue! O corpo só me pide contemplar o horizonte, esperar que o día se apague / e demerxerme na escuridade». «Será que comes demasiado opio» [rin e ela molestouse]. «Sabes / que xa non probo o opio. Está claro que se trata dunha premonición». **[II]** Esparexemos as cinsas no río, lanzamos grilandas de flores e depositamos / pequenas cuncas vexetais con pabíos [na cidade chámanas / *diyas*, luz]. As cinsas afunden rápido pero as cuncas e as flores afástanse / flotando [lentamente] e seguímolas coa mirada, como se liberasen do lodo unha substancia perdurable. **OS SERES** [A poesía man-

158

tén pautas biolóxicas, aínda que nada nela teña propia vida]. **NEC MINUS SALUTARIS QUAM FESTIVUS** [I] Sinalábelles a illa durante as nosas vacacións e dicíalles que alí debía vivir / xente. A miña familia mirábame incrédula e disuadíame, / «aí non pode vivir ninguén». Eu aducía que «polo menos» / habería un fareiro para accionar á noite a lanterna. Ademais vía casas. Eles estrañábanse / [«casas?»]. Poñían unha man a xeito de viseira sobre as cellas. Enfocaban / a distancia e escrutaban a superficie. «Non son casas [concluían]. Son unicamente rochas». [II] Durante anos debuxei a illa e imaxinei o seu perímetro. / Describina con tal exactitude [con tanta insistencia] que a miña familia aceptou / que estivese habitada. Por suposto eu non lera a Thomas More / pero fabulaba coa posibilidade de que a illa fose allea / á inclemencia social e ás obrigas da propiedade [agora resulta difícil comprender / como expresaba daquela as nocións de amor e de odio]. // O seguinte paso foi ir acolá. A miña familia opúxose. Era novo de máis [dicían] / para viaxar só e eles non tiñan intención de acompañarme [deducían / que se trataba dun lugar aburrido porque ninguén falaba da illa agás eu]. Persuadín / entón aos meus amigos de que había un territorio virxe na costa / onde se podía vivir da natureza. Eles tampouco leran / a Thomas More [por suposto] nin coñecían os estados do bo salvaxe, pero comprenderon / de inmediato ao que me refería [todos queriamos ser / poetas, filósofos, psiconautas e periodistas, unha personificacion única e simultánea]. [III] Tratamos de convencer aos nosos pais de que nos deixasen viaxar e mostráronse inflexibles, pero sacamos tan malas notas en xuño [suspendemos / tantas materias] que aceptaron transixir se aprobabamos en setembro. Durante o verán, aplicámonos / co latín, coa física, coa química e coas matemáticas. Madrugamos / para correr polas pistas e chegar espilidos ás pasantías. Ao final aprobamos todo / e os nosos pais regaláronnos un mes de liberdade na *terra incógnita*. [IV] Fixemos varios transbordos de tren e collemos dous autobuses. Logo acampamos / nunha praia batida polo vento e acordamos cos mariñeiros dun porto veciño que nos levasen / á illa. Facían a maré ás catro da madrugada e advertíronnos / que non agardarían por nós. Case non durmimos. / Ás catro estabamos no porto coas mochilas empapadas / de orballo e as nosas vituallas [leite, cervexa e papel hixiénico, basicamente]. // Chegamos á illa aínda de noite. Os mariñeiros estaban ansiosos / por desfacerse de nós e abandonáronnos / nun estreito peirao sen máis indicacións que un dedo sinalando / un punto inconcreto da néboa, «aí arriba está o poboado». // [Parecían ver algo que para nós permanecía oculto]. [V] Xuntámonos nun círculo e decidimos [en asemblea] adentrarnos / na escuridade. Subimos unha rampla e [efectivamente] atopamos / un poboado pero non se oía nada [non había / luces nas casas]. O faro quedaba oculto na néboa e a oscilación amortecida / da baixamar creaba un «eco letárxico no silencio» [dixen en inspiración lorquiana]. Improvisamos / outra asemblea [queriamos pensar fóra da capacidade propia dos pensamentos] e a maioría decidiu / que un grupo buscase un lugar de acampada e que outros [entre os que me incluíron a min] gardasen / as mochilas e as vituallas. Protestei [«son o único que cartografou a illa»] e tapáronme a boca [«son imaxinacións túas»]. // Os expedicionarios regresaron antes do día e exhibiron / as feridas da misión [caeran por penedais, arrabuñáranse no toxo, atoupiñaran]. / Tamén nos comunicaron que deran cunha área practicable, «alí estará o noso edén». [VI] Montamos as tendas ao bordo do mar, entre eucaliptos que ouleaban. / Nunha nova asemblea [coa miña abstención], acordamos / que o asentamento se denominase Seattle upon Sea [eu prefería / Xerfa ou Ronsel, nomes enxebres que apenas se valoraron]. Puxémonos / apelativos que sobardasen a nosa identidade [filósofo existencialista, teórico anarquista, ideólogo / hedonista, cartógrafo] e instauramos / unha bandeira negra que confeccionamos cun xersei e engastes de cunchas, ourizos, plumas de gaivota e abrochos de falsa árnica. // A néboa alteraba as cores cunha luminosidade que non viña / do ceo senón do interior da paisaxe e case falabamos / máis da luz [do incorpóreo] que da illa. [VII] Tal como imaxinaba, non existía a propiedade na illa [tampouco había electricidade]. Todas as casas estaban / abertas e nós entrabamos nas casas como espeleólogos con lanternas nunha sima. // Na curota estaba o faro [esvelto e branco], acaroado a unha construción que cumpría / de vivenda. Fómolo explorar e saíunos o torreiro cunha escopeta de cartuchos. Ameazou / con disparar se non marchabamos. Non paramos de correr ata o poboado. Había dúas cantinas que sobrevivían co tránsito dos mariñeiros [a maioría das familias emigrara / ao continente]. Unha das cantinas rexentábaa un garda forestal [co monopolio de vender pan / ou xestionar o teléfono público]. Da outra encargábase unha anciá cun só ollo [e fama de vedoira]. // Iamos ao poboado ás tardes e comprabamos pan. Na cantina da vedoira tomabamos / unha augardente macerada nun cacho de herbas que a anciá recollía / na primeira lúa chea do verán. A augardente provocábanos / euforia [segundo o filósofo existencialista, levaba absintio]. // As cantinas estaban parede con parede pero os propietarios non se falaban entre si e a nosa predilección / pola augardente da vella irritou ao garda forestal. Advertiunos / que non nos vendería pan nin nos conectaría o teléfono se non lle consumiamos / tamén alcol. Improvisamos unha asemblea e optamos / por beber alternativamente nas dúas cantinas [había / algo desde o principio que non funcionaba e non era só a néboa]. **[VIII]** A néboa non se ía nunca. Ao mediodía abríanse / enues brechas azuis sobre as nosas cabezas / pero o / neboeiro volvía [tarde ou cedo] e a poalla traspasaba / a lona das tendas. Nós abrazabámonos dentro // [como se nunca fósemos tan felices]. **[IX]** Viviamos a illa como un espazo de amor libre [exerciamos / capacidades de supervivencia] e nunha asemblea nocturna [arredor do lume] acordamos organizarnos / nunha estrutura sectorial [pareceunos o máis práctico]. Fixamos as seccións e eliximos / [democraticamente] os encargados. Un buscaba os alimentos e outro preparábaos. Había / senllos encargados da caixa común, da limpeza ou dos recursos naturais. Ao abstemio [o único comunista do grupo] encomendámoslle / a distribución [equitativa] das substancias e eu [«como andas con cartografías», dixeron] asumín / a misión de dar cos camiños perdidos. O filósofo hedonista postulouse [e impúxose] / para o posto das relacións exteriores [debía gañarse aos veciños que quedaban / na illa e aos clientes das cantinas] mentres o existencialista [en contra da súa vontade] saíu elixido / secretario de organización [levantaba acta das asembleas, pactaba contidos e coordinaba actividades]. // O responsable da alimentaión colleitou moras nas silveiras e mazás nas hortas abandonadas. Fixo / un ganapán cunha rede de laranxas e pescou camaróns. Era tan intrépido que se enfrontaba ás ondas e lles arrincaba ás rochas mexillóns, lapas e percebes [grosos como dedas]. O cociñeiro coceu os percebes e fixo co resto unha paella que eliximos / [por unanimidade] a peor paella do mundo. «As lapas danlle un desagradable sabor a bravío» [dictaminou / o hedonista]. De sobremesa, tomamos unha infusión de datura [figueira do demo] segundo a prescrición da vedoira, que nos advertiu / do «efecto imprevisible» dunha neglixencia nas cantidades [«por mínima que sexa»]. / O secretario sentiuse invadido dunha forza transcendente e tirouse ao monte. Cando o encontramos / [á mañá seguinte] os seus pés eran chagas e os seus labios borboriñaban / revelacións, «a obediencia non emana da submisión nin do acato. Todos, nalgún momento, queremos quedar ben». **[X]** A maioría das sendas perdérase pero sobrevivía [baixo fentos, toxos e breixo] a macela que os tapizara. / Reptei como un arnal [a illa estaba ateigada deles] e perforei na maleza túneles. As espiñas esgazábanme a carne [perduran cicatrices] / e por momentos invadíame o pánico [biolóxico] da escuridade e dos insectos. Pero só despois de me perder na broza comprendín / que hai máis alá da beleza do horizonte. **[XI]** Unha mañá espertamos e apenas quedaba néboa. Mirámonos / [perplexos] e observamos con incredulidade a costa de enfronte. Estaba / tan preto que viamos os coches circular e as praias cheas de antucas. «Non pode / ser real [dixémonos]». Houbo discusións [cada vez máis] acoloradas e abrollaron / insultos [nerviosismo]. Tamén antigas disputas, fobias e competencias larvadas. / Unha camarilla [arredor do teórico anarquista] mesmo cuestionou / que estivésemos nunha «auténtica illa» e suxeriron [sen concretalo] / que había un paso inundable ata terra. A tese gañou / adeptos ao reparar o anarquista que setembro era un mes de mareas vivas [anormalmente altas] e resultaba / difícil que o paso emerxera nestas condicións extremas de fluxo, «pero en outubro [subliñou] será / vidente e arrepentirémonos de participar nesta fraude». O filósofo existencialista [o secretario] mediou, / «todos percorremos a illa e vimos que a rodea o mar». O anarquista protestou, «é unha ilusión. Confundimos // o mar coa néboa». // Saqueilles os meus mapas e non os quixeron ver [«trouxéchesnos aquí enganados»]. Apelei / entón ao encargado de asuntos exteriores [o filósofo hedonista] e tras un circunloquio retórico [«non entendo / ben as conversas nas cantinas porque son castelán falante»] afirmou // que nunca lle escoitara dicir no poboado a ninguén que estivese nunha illa. Esa intervención foi ‹7 definitiva. O teórico anarquista [con xestos de furia teatral] ordenou / desmontar as tendas [«que máis queredes oír?»] e todos o obedeceron mentres renegaban / das asembleas [«estivemos manipulados!»]. Miraban / os rectángulos baleiros das tendas na herba como a animais atropelados. **[XII]** Ao filósofo existencialista angustiáballe romper o grupo e pediume / que non me quedase só. «Agora que comprendemos o posible e o imposible é / momento de tomar decisións [acirroume]». A min desagradábame / regresar antes de tempo e axudeino a cargar a mochila ao lombo. Despediuse // cun abrazo, «ao final só existía a néboa». **EMBELGA [I]** Como facer un poema que dure exactamente o tempo que o poema tarda en facerse? / Un poema construído en por si, sen mecanismos literarios ou trazos estéticos [sen vontade sonora], lexible / en canto á aparencia aínda que non posúa fondo e sexa unicamente transcurso [movemento]. **[II]** E logo que farías co poema? Irías / ao outro lado como quen bordea / a montaña para obter / a visión completa da súa forma? **[III]** Os arroaces pasan tan cerca da costa que quedamos/ inmóbiles na auga, de pé, observándoos saltar / en bucle coas súas enormes barrigas brancas. **AZUL ONS [MILKY SEAS] [I]** Collemos o barco de Manolo e lévanos // ao outro lado do mundo [Ons]. / Berta [no barco] come bolechas que lle trouxeron de Madrid. / Deneuve manipula as app de proximidade [«non hai contactos en cinco quilómetros á redonda»] e María fuma / [«vivo nun denso mundo mítico con coordenadas simbólicas»]. Braulio actúa / con sedución [viu unha lancha de percebeiros que levaba o noso rumbo] e Luísa interésase / no motor do barco [«se falla o corazón, quedan os amigos»]. Soedade escoita / con Ferrán as conversas da pasaxe sobre a illa [«a información falsa tamén é información auténtica»]. Nada máis chegar, María organiza a cociña. Luísa avalía / se a compra que fixemos é suficiente. Eu encárgome / da terraza [o espazo onde facemos a vida], con hamacas, macetas de agapantos e vistas á Ría de Aldán, resgardada / por uns piñeiros de copas fosforescentes que ás noites adentan / a lúa na Vela. Braulio vén ateigado de comida [autocultivo] e Deneuve amósanos / o último que adquiriu en artigos de beleza. Fala [apaixonado] / da función do artista na sociedade autorreferencial e da idade que se nos caeu enriba [salouca] //«como un susto». **[II]** Berta traza no papel unha mancha verde [tinta / mica / xofre] e prolonga / o xesto no aire.«Detrás está o azul [di]». Achégome ao papel [poño / as lentes de presbicia] e descubro [entre o papel e a mancha] // unha costra diminuta. Ela inclínase sobre os seus peitos redondos [espidos] e fálalle / á miña caluga, «hai cores que non sabemos ver ata que o noso cerebro as inventa». **[III]** O ceo queda limpo e aparece // unha latitude próxima ao ultramar onde nada da vista escapa / ao azul [a distancia do descoñecido]. Berta ladea a cabeza [perspectiva] / e respiro con profundidade oceánica, «en realidade a illa é espazo mental [suspensión]». **[IV]** Recibimos visitas e renovamos lazos de confianza. Juani Hooper e Alex son asiduos/ [frecuentan as dunas], pero tamén vén / Anxos [e outras amizades circunstanciais]. Un día coinciden todas / e bebemos cervexa ata a madrugada. Falamos / da infancia e da difícil transición adolescente. A maioría descubrimos / aí [nese período crebadizo] o desexo polas persoas do noso sexo. «Non era / a atracción do corpo» [opino] senón «penetrar a fase oculta do soño». **[V]** Os pais de Alex preocupáronse porque se ausentaba as fins de semana. Esixíronlle / unha explicación. Sentárono no salón do piso que acaban de mercar [regresaran / de Caracas] e faláronlle amablemente. A nai adiantoulle que aceptarían / «o máis extravagante» [referíase a unha muller negra] pero cando lles dixo que lle gustaban / os homes, o pai quedou inmóbil e baixou a vista, «só che falta coller unha escopeta e pegarnos un tiro». **[VI]** Eu díxenllo á miña nai un día que cheguei tarde e me ameazou / con castigos severos. Esixíame os nomes das persoas coas que estivera, saber / se ía con mulleres ou frecuentaba igrexas. «Pasei / a tarde co meu mozo» [estourei] e ela quedou sen ollos [todo escuro]. Tiven / tanto medo que nos vin desde arriba, como se algo se desprendese de nós e voase. **[VII]** Á noite, baixamos á praia e nadamos / ata as balizas onde fondean os iates. Escorpión repta / polo nadir e ten na uña curvaturas de brillo. «Debe ser / unha ilusión óptica [opina María]» pero ao batugar / vemos que é a ardora [nós e o leite]. **[VII]** [No horizonte permanece a luz última. / A unión]. **O RÍO [I]** Para o contexto fundacional de Seattle Upon Sea, releo os meus diarios [queimaríaos se non necesitase periodicamente información fiable de min]. Os volumes dos anos setenta están centrados [de maneira obsesiva] / no meu primeiro amante [a urxencia de ser amado e de amar]. / O rapaz que escribe os diarios comparte comigo recordos, pero el sabe máis de min do que eu lembraba / e eu sei máis do que el pode lembrar da súa vida. / De maneira xeral, refírome ao meu primeiro amante como Xisxís [XX]. Evitaba escribir o seu nome completo porque temía ser inxusto e aínda hoxe o distingo ao lonxe polo andar [ese achegarse de animal encuberto]. **[II]** O profesor mándanos escribir unha páxina de copia e Xisxís acaba / antes do que o profesor prevé [interrómpelle a lectura do xornal deportivo]. Levanta / do pupitre para ensinarlle o caderno e o profesor sáelle ao encontro cunha vara de vimbio [venta algo]. Cóllelle /o caderno e abanea a cabeza [desgústalle o que ve]. «Abre a man [ordénalle]» e Xisxís ofrécella. Os dous están á altura do meu pupitre e véxolles as caras [Xisxís coas lentes adheridas ao entrecello, o aparato dos dentes e a peluxe infantil no bigote]. «Advertinche que a copia nunca se fai do libro de matemáticas», dille o profesor e nese instante descárgalle / [inclemente] o vimbio na man. Conta «unha». Despois / «dúas». Está rubio de carraxe [«tres»] e non para ata cinco [impídelle alternar de man]. // Xisxís non move un músculo. Bríllanlle os ollos por tras das lentes, pero en ningún momento chora. // [Temos oito anos e acabo de namorame]. **[III]** Durante o tempo que compartimos, / fun testemuña da resistencia de Xisxís á dor [unha invariable actitude provocadora]. // No instituto, desafiabamos os profesores falanxistas con estratexias que delataban o seu fanatismo. A el gustáballe crear confusión na autoridade docente e [como consecuencia] expulsábano. / Os seus pais invocaban un tipo de compresión que no instituto non compartían. // En plástica, moldeaba esculturas femininas de peitos xenerosos. O profesor atenuáballos / cun movemento rápido dos dedos e el, en canto o profesor se xiraba, repoñíallos. [«Se non puidese amarte a ti», dicíame, // «amaría as mulleres que te amasen»]. **[IV]** Sempre mergullamos no mesmo río. Cambia / só a profundidade e a auga [a superficie]. **FEBREIRO [I]** Aparece a luz atravesándome / e sei que non é amor pero está [practicamente] / á súa altura [as constelacións extinguidas, a penetración e o bramido no tránsito cara á montaña]. // Permanece incluso neste momento de destrución radiante / e é [talvez] o que quede cando me biquen. **[II]** Homes que quero ser [importancia do verbo] e a posibilidade de que me estean esperando. / Homes que son mentres camiño polo bosque, lonxe das / sendas trilladas e das luces, ebrio [desapegado] como os espíritos tranquilos da inmensidade. **[III]** O xitano portugués que fuma nas portas do HULA vestido de negro [completamente] cun chapeu. O outro xitano / [galego] que se apancou os aparcadoiros e sinala o bosque. Alex Landy antes de converterse nun *guf*. O rapaz que sae do río coa cella aberta pola raíz dun amieiro e ollos subacuáticos de irritación / o gran río ten a barba florida. O inmigrante negro con nocellos de gacela e brincos de pedra translúcida que alustran a súa beleza de sahel. O rapaz rubio de perfebas transparentes e pel albina que escintila aínda coa nácara da praia. O surfer que morde o labio das ondas cos ollos e salouca, «o que máis me gusta deste local de Corrubedo son os camareiros e a nosa curiosidade». **[IV]** [Amarelles, marmotas, cegoñas, candeloira, iemanxá, Valentín, san Brais]. **[V]** Nunha visita á Residencia, párome a xantar con Braulio en Monterroso. / Á sobremesa, faime reparar nun home de pelo mesto e cano [cortado ao cepillo]. É / maior [fazulas de cuperose] e unha barriga que o obriga a comer / a distancia da mesa [cada vez que colle algo no prato alonga o brazo con torpor lento]. // «Intimamos hai anos [explícame Braulio] nunha aventura azarosa». / Fóralle podar un carballo e o home invitouno / a unha botella de whisky que gardaba na lacena. Bebérona / e acabaron masturbándose mutuamente [leitegaron xuntos]. // Á saída do restaurante coincidimos os tres. O home sostén / a porta para que pasemos e saúdanos. / Non queda nada pero aínda se lle percibe na voz [«olá, olá»]. **CIRCUNSTANCIA CRÍTICA** Facémonos transparentes [imos medrando] e resulta / cada vez máis evidente o medo [o transo], como un regreso / inevitable á inmortalidade. **MOVEMENTOS MÍNIMOS [I]** Cando me dou conta do que ocorre, teño a necesidade de estar / coa miña ex esposa e cos meus ex amantes [os que aínda viven]. Non se trata / dunha necesidade confesional [ou dialéctica]. Necesito / durmir ao seu lado, tocarnos, penetración, talvez máis [un abrazo]. / Collo o coche e chántome na casa dela [non a chamo antes / nin lle envío un whatsapp]. Condúceme [talvez] o instinto de vinte e tres anos de convivencia e desexo. Ábreme / o seu fillo [o do segundo matrimonio]. Nunca me soportou e bufa, / «mamá está no seu cuarto. Non sae desde hai días». Subo alancando / os banzos [é un dúplex acaroado nunha urbanización das aforas] e atópoa / recostada entre múltiples coxíns de blondas brancos, cun edredón branco e un groso *bestseller* nas mans. Pousa / o libro ao verme e quita as lentes. Pon unha FP2, «tes pasaporte covid?». Fago xesto de coller / o móbil e indícame que desista, «abasta que o teñas». Sento / ao bordo da cama [«que che pasa?»] e recúa ao extremo oposto, «estou / fatal. Os tratamentos non funcionan. O psiquiatra cre que debo subir / a dose de Sertralina ata os 200 mgs pero des que tomo Sertralina fibrilo. / Non imaxinas o desagradable que é. Hai dúas semanas tiveron que revertermas». / «Como non me chamaches?». «Se te chamo cada vez que estou mal volvería / ser a túa esposa e iso acabou». «Hai confianza». «Se me faltases, sería / como estar morta. Pero non me apetece que comas / os meus miasmas. Hai partes de min que xa non che pertencen». **[II]** Quedo para xantar cun home ao que amei ata a insania e no coche [camiño do restaurante] sinto / no pé molestias. Semella a dor dunha espiña pero é imposible que unha espiña traspasase / a cámara das deportivas e tampouco [que eu lembre] andei descalzo. Detéñome / nunha área da autoestrada e intento mirar a planta do pé. Non o logro [perdín flexibilidade] e continúo / a ruta [levo quince minutos de retraso e o home co que quedei vólvese irascible se o fan esperar]. / Cando chego, xa bebeu tres cervexas e protesta [«sempre vés tarde»] nun ronsel de agravios que [di] / lle causei [«nunca confiaches en min»]. Como non cala, quito a deportiva, ripo o calcetín, e póñolle / o pé nas pernas, «creo que teño algo aí». Acaréxame a deda con mirada de intencionalidade, «querido, cravóuseche / unha espiña». O camareiro tráelle unha agulla. El úsaa con tanta delicadeza que só noto / que me extirpou a espiña cando ma amosa [exultante de satisfacción] na punta da agulla. Seguramente é (o maior pracer que podemos sentir xuntos. **[III]** Chamo polo móbil ao home co que vivín cinco anos e quedamos / no bosque de Outeiro Batente [traballa nun *chiringo* próximo e ten libre (de seis a oito). Ao encontrarnos mírame como se me perdoase / a vida. Fuma con carraxe [seguramente tivo unha mañá pésima]. Calcula / que fun alí para ter sexo rápido e ponse en disposición. Eu disuádoo, «quero / estar contigo como se nos vísemos por primeira vez». El afástase / [«es patético»] e as súas palabras crean a sensación [insípida] de que nunca existiu / unha paixón real entre nós. Quedo en silencio e prosegue os ataques, «o romanticismo é / perverso. Como podedes ser tan egoístas que queredes / as persoas unicamente para vós?». «Refíreste a min?». Ofúscase /

[«sempre me deches esa impresión»] e túmbase sobre a herba coas mans baixo a noca. Póñome / ao seu carón. Mírame e recobra o brillo xuvenil [garulo], «descúlpame». // Esta fin de semana foi a un concerto de Dean Wareham e Wareham tocou / os temas do seu antigo grupo, os Galaxie 500 [«chorei ata catro veces seguidas no concerto»]. Do resto da noite lembra / só «un continuum de alcol, farlopa chunga e sexo urxente con descoñecidos». Pásolle / a man pola cabeza [leva o pelo moi curto], «alégrome que deas con descoñecidos afíns». El retírame / a man, «son un cabrón. Non intentes amarme de novo». // [Vai tanta calor que as piñas estouran sobre as nosas cabezas como cranios nas piras.] **[IV]** Ábreme a porta da súa casa cun xesto tan desagradable que non me atrevo / a traspasar o soarego [quedo de pé coa botella de viño que / lle trouxen pendulando na man]. Finalmente, convídame a entrar. //A casa [mercouna ao xubilarse] é pequena con fiestras azuis de madeira. A enxurrada do atardecido penetra / ao medio da sala, como se alí mesmo acabase o horizonte. Sentamos / nunha mesa redonda [con espazo xusto para dúas persoas] e destapa / o viño. Sóltase, «a última vez que nos vimos dixeches que te desilusionara. / Iso non se lle di nin a un can, menos a quen te amou». «Se o prefires [fago / aceno de levantar], marcho». Ténsase, «non paga a pena. Vou preparar / bonito con salsa de tomate. Chega para os dous». Mentres / cociña, infusiona // unhas herbas [«estimulantes»] que lle preparou un terapeuta reiki [acode / a el en momentos de astenia emocional]. Manobra / con tal pericia na realidade que os seus ollos [por momentos] se volven / azuis ao contarmo. //Tras a cea [un bonito extraordinario] paseamos polo sendeiro que bordea / as penedías. Cólleme da man [faino cun xesto despistado] e sinto a tranquilidade de quen recupera / unha clave de acceso esquecida. Logo, deitámonos xuntos [imposible deixarnos de amar na incapacidade compartida para amarnos]. / Preme suavemente co seu peito as miñas costas [lémbrame / un corpo que respira boca abaixo na area] e apoia o pescozo na miña caluga, «deberías / reducir esa tendencia túa a deixarte absorber pola xente e entregarte totalmente a ela». **[V]** O poema aparece cando desapareces / nos seus pasos [consumar o que máis amas]. **TERMINALIDADE** **[I]** Fran dá un recital en Ourense e coñecémonos. Le / os seus poemas ao pé da escultura de Blanco Amor e un vate de carnes abondosas ábrese / paso entre os asistentes [«quen é este poeta tan guapo? Quen é? Quen é? Como se chama?», reclama excitado. **[II]** Formamos [nesa época] un grupo unido. Acabámonos / de descubrir [unha ametencia] e todos nos namoramos de todos ou todos pensamos / que somos marabillosos porque estamos xuntos // Fran adopta posturas de sensualidade [crea expectativas]. Se o collo / pola cintura, tírase cara atrás [atrás, atrás, atrás] para poñerme / a proba. Quere saber ata onde soporto o seu corpo [a beleza] sen deixalo caer. **[III]** [O sexo é un xogo, o xogo practícase como forma de vida e a vida escríbese co puño]. **[IV]** Marcha traballar a Francia [Fran é un migrante] e bailamos a noite previa para esquecelo. Bebemos, / falamos de poesía, poñémonos perrucas e bicamos a escuridade nun *after* do Ensanche. Logo esperamos / con lentes de sol o mencer en Belvís. É grandioso. O ceo vístese / de azul virxinal [«como o corpo da nai», di el] e a cidade traza / radiantes de estrelas [nunca volvemos ser tan novos]. **[V]** Dous días antes da súa morte, vou a Bora [á casa] e proxectamos / titular *Syntagma* ao seu próximo libro. Nel describirá / os procesos previos ao verso [a xeografía que ocupan] / e como o capitalismo triunfa cos nosos corpos [somos / material de transporte e de marca]. // Tamén lle interesa analizar as relacións do poeta co poema e a irrupción [«inevitable»] do suxeito [quería / sacar o suxeito da sobreexposición capitalista e dos mecanismos que lle facilitan o ego]. O libro levará / o plano dunha praza na cuberta e a sobrecuberta vermella. En dous ou tres meses [calcula] / acabará os poemas [«síntome moito mellor»] e en nadal podería presentalo nunha libraría. // Está convencido de que a morte «ten complexo de estrela» e sempre se asoma / antes de actuar [«aborrécelle pasar de incógnito»]. De momento [aclárame] //«aínda non se me amosou». **[VI]** Encontro na rúa do Cardeal a Filipe Aira [o historiador de Monforte] e a Nieves [a súa compañeira]. Ela precipítase / desde o fondo da terra [Gulfoss] e el trema aínda [sobrecollido] / polo instante no que o seu pai [«sen presaxio ningún»] lle morreu / nos brazos. «Eu imaxinaba que onda min non corría perigo, que o meu amor era // máis poderoso que a morte e que se a morte aparecía lle diría *detente* / e non se atrevería a entrar. Pero xa ves... Nin sequera vin como a morte se achegaba!». **[VII]** «Que ves, mamá? [pregúntolle]» e queda en silencio. / Insisto, «que ves?» e [por fin] contesta, «hai millo por todas partes, meu neno. Puxérono / polos corredores e polos camiños» [os seus ollos son animais salvaxes / o oureol / o teixugo / a gunicela / o raposo]. **O AZUL HÍO [I]** «Chica!», dígolle cada vez que nos reencontramos / na Residencia e ela sae dun túnel, «chico! Así que estabas aquí!». **[II]** A última vez que imos á praia é no Hío. Perdeu / o dominio físico [a braza resúltalle imposible] e nada / boca arriba cun churro de natación nas axilas. Eu sostéñoa / para que o cu non a afunda. «Viches ese azul?», pregúntame / e sinala unha franxa que percorre o perfil de Outeiro Batente como se non formase parte / do ceo. «Nunca vin un azul igual [dígolle]». // Ela retorce os labios, «non debe ser azul, senón bosque». **O AÍNDA ESCURO [I]** Falemos das revelacións. Sé sincero: cres nelas? // Obviemos os ácidos [é fácil identificar / a clarividencia lisérxica coa adiviñación] / e non valoremos tampouco outros estados alterados de conciencia. // Existen varios niveis do real ou só un, / comprensible na expresión mensurable [somos / mamíferos que ven unicamente á luz do día]? // Pero o aínda escuro, dime, como o vemos? **[II]** Morre Isaac, o fillo de Neneta. Collo o coche /e fago os cen quilómetros entre Compostela e Cangas para levarlle o ramo que cortei na horta. / Despois do dó no tanatorio, Neneta e mais eu bebemos na súa casa [abrimos / unha botella de viño após outra] e falamos [quedou rota]. // A conversa é caótica. Lembramos os vellos amantes / e debatemos [sen tránsito] sobre razón e instinto. / Meses antes de morrer Isaac, a ela avéuselle / o pulso de que non había remedio [a quimioterapia sería inútil] / porque ao despedirse mirou o cadro que el pintaba cada tarde e soubo / que quedaría inacabado. / A mesma percepción sentiuna de nena, / cando [un día, de repente] comprendeu que morrer era inevitable. / Nunha planicie do Perú percibiu / entre o corpo deitado dunha muller e as mans do chamán que o sandaban / unha masa movediza [opaca pero luminosa]. / Anos máis tarde, xunto ao santo Babají de Benarés, aprendeu / a descifrar as mensaxes que arden na leña dos cadáveres. //«A morte dunha nai deixa un burato inmenso pero a dun fillo é só escuridade» [salouca]. / De regreso á miña casa, penso na escola de Neneta en Puri, / esas criaturas rescatadas da morte, da fame e da ignorancia. // [*Coro*: Por que nos quitaches tantos fillos da boca?] **AS AMIGAS [I]** Podamos o sabugueiro [é marzo] e lévolles ás amigas na cea unhas varas con forma de tridente. Advírtolles / que son máxicas e quedan encantadas. Deixámolas a un lado e comezamos a cear. // Os últimos meses foron un desastre [*bullying*, censura, castigos, ameazas laborais] e desvío / o clima bélico da conversa cara á poesía [ámbito de acollida], «hai poetas aos que non podo ler / sen parar a respirar. Ou debo deixalos para o día seguinte». «Con quen che pasa? [interésase / Inma]». «Con Reynaldo Arenas, por exemplo. Golpéame coa súa voz de marica [xoto]. Arrastra / por diante do meu nariz os cadáveres de todas as comadres utópicas. Dicía que era / poeta porque comeu terra de neno». Ana pide máis viño, «eu xa tiña na infancia ansias de adiviñar / as claves ocultas dos feitos fortuítos. Do mesmo xeito que [John] Nash lía mensaxes encriptadas nas paredes, eu escribía / poemas na escuridade [ás cegas]». «A miña nai [explícolles] sentíame / chorar na barriga». «En serio? [sorpréndese Inma]». Asinto, «era como o xemer / do ourizo cacho en primavera ou como un río subterráneo. / Como se tivese que tragar / grandes bocexadas de auga para deixarlle espazo ao pranto. Esa experiencia, dicía ela, determinou // a miña vocación poética». Inma remela os ollos, «eu son poeta doutra maneira. Expóñome / aos límites sociais da cidade ou, máis ben, expoño o corpo ao límite das súas forzas. Rexistro / os ocos que crean as palabras. Ningunha pronuncia é inútil». **[II]** Nun momento dado, as variñas veñen ás nosas mans [non lembramos collelas] e axítanse coa súa cortiza perfumada mentres nos botamos sortilexios. As risas saen a cachón. Cáennos bágoas. Dóennos os occipitais. É imposible deternos, como se recobrásemos unha inmensidade perdida e o ceo coubese nos nosos petos. **NAS BEIRAS DO SARELA [AZUL SANTIAGO] [I]**] Saio andar con Lupe e decidimos [por quendas] o itinerario a seguir. A cidade é / tan prodixiosa [tan accidental] e vivimos en tantas rúas [ao longo dos anos] que todas as direccións nos lembran / o regreso á casa. Cruzamos san Lourenzo falando da loucura e baixamos / ao Sarela. No medio da ponte, paramos a escoitar o ruído da auga [Nuria Vil]. Sentímonos / realmente felices. «Se ando penso mellor [di ela]» e eu asinto, / «a poesía é un fenómeno físico. Pensamos co corpo enteiro». Nos agros da Toxeira, o ceo precipítase // sobre o verde dos eidos. As torres da catedral resultan máis esveltas do que nunca as viramos. Saíron / estrelas vespertinas e emerxe [fugaz] un azul que se transforma / con rapidez en branco saturado, amarelo brillante e laranxa. «O azul en Compostela sempre está indo / cara a outra cor», di ela e eu suxiro que o tránsito é // a forma visible da eternidade. **[II]** Recupero unha foto da miña nai aos quince anos. Os seus ollos son / represas no río [augaumbra baixo amieiros] e a súa beleza resulta / anómala [demasiado serena para a idade]. De adolescente, fun exacto a ela [logo virei / ao meu pai] e ela era calcada á nai ata que lle apuntaron / do pai as orellas, o nariz ganchudo e a fronte avanzada. //Trazos antes intanxibles no carácter e no seu rostro resultan / agora claros. Da rama materna dos Reques herdou / a vesania humorística e dos Moletes paternos as meixelas rosadas. // [En cada postura amosa os corpos que a precederon e os corpos que a sucederán]. **[III]** O significado é unha cinta que avanza. **GRAVIDEZ [I]** Nunha das avaliacións periódicas que lle fan a mamá en xeriatría, acompáñame Xohán. Traballou / na sanidade e a súa presenza tranquilízame. Mamá entra / na consulta turrándose dos pelos e en bucle de ecolalia, encollida como unha eiruga [é obvio que ten / medo]. A médica non a toca. Tampouco lle fala. Non a ausculta. Apenas a mira. Escoitao que lle conto [a súa máscara impídeme saber se presta atención] e emite / un diagnóstico sen que llo pida, «esta muller está terminal». Non considera // que a miña nai a poida escoitar nin o impacto que as súas palabras poderían causarlle / [é nova, aprendeu a prescindir do contacto humano e está afeita a cumprir / cos tempos da administración]. Por se non a entendemos ben, descríbenos / as distintas manifestacións mortuorias que apreza [usa / unha hermenéutica propia da persoa sublime], «sarcopenia severa. Apraxia. Anoxia. Perdeu / a autonomía psíquica». Xohán intervén, «non padece / depresión. Recoñécenos e articula discursos lúcidos». «É vostede xeriatra? [pregúntalle / a rapaza]». «Fun médico de familia». «Ese é outro mundo. Aquí lidamos / con enfermos sen expectativas. A ela quédanlle, como máximo, nove meses». Cruza / os brazos e apóiase na mesa, «ao mellor son algo brusca». **[II]** De volta á Residencia [no coche], a miña nai anúnciame / que está embarazada [«non llo contes a ninguén, por favor»]. Adopto / un ton de cómplice [«cos teus anos?»] e ela encóllese / de ombros [«a min tamén me estrañou»]. Encontrouse / mal e foi ao médico. «El temía o peor [explícame], / pero o resultado das análises foi claro. Non é cancro. Vou ser nai». Míroa / polo rabo do ollo [«non temes que me entren / ciúmes? Son o teu fillo pequeno»] e ela, por vez primeira en semanas, sorrí / «non entendes nada. Estouche contando como quedei embarazada de ti». **O NIVEL DA AUGA** Pensei que ningún dos dous sobreviviría á separación / e os dous [realmente] padecemos estados emocionais graves, / pero nunca nos deixamos de ver. // De Braga volvemos pola estrada do Xurés. A seca / baleirou o encoro de Lindoso e reaparece / Aceredo ao fondo do val do Limia, coa morfoloxía case intacta. / Na nosa primeira visita á aldea [1997], había cinco anos que acabaran o encoro. Comezaron a enchelo / coa xente aínda dentro das casas [esixían que llas pagasen antes de abandonalas] e atrapounos / a enchente dunha tormenta [«nunca vista», dicían]. A auga elevouse de súpeto. Entraba / por debaixo das portas e avanzaba pola cociña

[os vellos arrastraban / con aceno alleado os seus fatos de roupa entre os toxos]. //
Visitamos as ruínas ao mediodía. Están cheas de turistas a pesar dun martes. / Unha
familia xanta na área de recreo próxima ao pantalán varado. / Os grupos de rapaza-
da fuman polos tellados que resistiron o asolagamento. Algunhas fiestras manteñen /
os cristais intactos [todas as casas son vultos saíndo / da néboa, como nunha pelícu-
la de John Carpenter, ou uns hologramas do Alepo]. // Andamos entre paredes que
terman de toneladas de produción eléctrica [presión de profundidade] / e entramos
nos fornos do pan [os veciños declararon // o seu desgusto polas inxerencias dos vi
sitantes na memoria da súa intimidade]. Detémonos / na plataforma desde a que
envorcaban o cemento da *barragem* / Está na entrada da aldea, como os tanatorios. //
Todos viron fabricar durante meses o cofre de Tutankamon. / Camiñamos sobre un
barro de envoltura consistente que cobre / a vella estrada como un mulido [flutúa por
dentro]. Nunha curva subsiste / un depósito arqueolóxico dos anos noventa [envases
e marcas dunha historia colectiva]. Hai / cascos de cervexa, garrafas de viño, pilas,
pequenas botellas de plástico para vinagre, envases de lixivia, de aceite, tubos de
pasta dentífrica, potas vermellas, botes de pintura, restos de alfombras de baño, latas
de fabada asturiana, botes amarelos e redondos de Cola-Cao, chinelas, botas de media
cana, zapatos, cubas, garrafóns, bolsas de plástico en cores accesorias. // O rego Ator-
nados recuperou a canle entre muíños e valados derruídos, / pero o máis sorpren-
dente é que a fonte segue manando / no centro da aldea [incluso baixo o nivel da auga].
VERDADEIRO AZUL [COUREL] [I] Trasladan os ósos de Uxío ao Courel e reencóntrome /
con Elba no eirado de Parada. Abrázame [«mágoa que non chegases / antes. Acaba-
mos de enterralo»] e condúceme / ao panteón na horta. Elevaron a lousa sobre rosei-
ras e os obreiros miden / as distancias cun metro pregable [non resulta fácil crear un
efecto de flotación]. Tamén estran / batume para que as roseiras incen antes. Uxío e
Arturo [os fillos] puntualizan / que o panteón non é so para a estirpe, «tamén vós
podedes enterrarvos aquí». **[II]** É 14 de xaneiro e o bosque está espido como se acaba-
se / de nacer [nunca terá unha mirada tan longa]. Elba sentíase / indecisa [prefería
que os restos do seu marido quedasen en Lugo cos ósos dos Rey] pero Branca [a filla]
convenceuna / de que o eido é aquí [«Uxío non regresa, somos nós os que volvemos»,
dígolle]. **[III]** No xantar [guiso de polo, empanada, queixo e pan de Pedrafita], Elba
salouca, / «os devanceiros protéxennos cos seus xestos, aínda que os xestos xa non
nos representen». **[IV]** O ceo cúrvase en azul sobre a Escrita e a Elba non lle parece
tanto azul como malva. «No Courel [dígolle] / o azul só se dá se miras ao oeste» e ela
acepta que Uxío se poñía cara a Tor para ver / o azul verdadeiro. «Ti cres [pregúnto-
lle] que o verdadeiro azul existe?». Ela desconcértase, /«pero non o estabas vendo?».
BRILLO [I] «Non teñas medo, meu neno», di a miña nai mentres me conduce / polo
crepúsculo. Leva os ollos pechos pero pode ver na escuridade e distinguir / as herbas
aromáticas, que recolle ao avanzar polo bosque. Gárdaas / nun peto do mandil [decá-
tome de que é un mandil e non unha bata, como pensaba ao primeiro]. Rosma /
cancións da súa mocidade [intúo que para espelir o pánico] e apértame / a man,
«sempre lle tememos á morte, aínda que a queiramos». **[II]** Corro cara a un home que
parece esperarme [nunca amei / a ninguén como neste instante]. Bícoo. Abrázame. /
Ten as mans grandes. Apoio a cabeza no seu ombro e descubro / unha muller comen-
do ao noso lado [a miña nai desconfía / do home, «metes a calquera na nosa casa»].
Agarro / o home e mais a muller polo pelo [téñeno / rizo] e arrástroos á rúa [ata entón
pensaba que estaba / nun bosque]. El [desde fóra] méteme no peto / dous cubos de
metal que se repelen e coliden / de mutuo magnetismo, «así brincará / eternamente
o meu corazón por ti». **[III]** A miña nai vólveme coller da man e apura o paso. Quere
chegar á casa antes de que marchen / á sega os seus irmáns. A aldea aparece [final-
mente] por tras dun pedrouzo sen vexetación. Sinálame / a casa [ao fondo da aldea]
e sorrí, / «non contan comigo. *Aí vén a que morrera*, dirán. Aínda está viva».

ÍNDICE

Diarios [1]. Azul Monforte, de Antón Lopo, número
dieciséis de la colección de poesía, se imprimió con
la tipografía Eames Century Modern y papeles
Registro Ahuesado y Munken Lynx, en Betanzos,
durante el mes de mayo de 2024 (*maio longo, maio
longo. todo cuberto de rosas...*).

16